Jean-Louis Soulavie

Monumens de l'histoire de France

Jean-Louis Soulavie

Monumens de l'histoire de France

ISBN/EAN: 9783741105050

Manufactured in Europe, USA, Canada, Australia, Japa

Cover: Foto ©ninafisch / pixelio.de

Manufactured and distributed by brebook publishing software
(www.brebook.com)

Jean-Louis Soulavie

Monumens de l'histoire de France

MONUMENS DE L'HISTOIRE DE FRANCE

en Estampes et Dessins,

Representant par ordre chronologique, l'Etablissement des Français dans les Gaules, leur Servitude sous le gouvernement feodal; les Mœurs et Institutions des Siecles d'ignorance, les Croisades et les premieres expeditions en Italie et dans le Nouveau Monde; les Guerres Religieuses; les Monumens de Sculpture et d'Architecture des differens âges, les Costumes, Médailles, Monnoyes, Sieges et Combats des differens regnes; les Portraits et Mausolées des Princes et Hommes Celebres dans les Lettres ou le Gouvernement.

– Collection recueillie en France et chez l'Etranger, depuis l'An 1783 jusqu'en 1788 par J. L. Soulavie de l'Academie des Antiquités de Hesse Cassel, Correspondant de l'Academie des Inscriptions; de Celle de – Petersbourg, de Celles de Pau, Marseille, Bordeaux, Dijon, Arras, Angers, Nismes, Metz, Orleans, Toulouse, Montauban, Châlons-sur-Marne &c. &c.

Tome 5

Contenant les evenemens arrivés en france depuis le Regne de Clotaire II ou Jusques à celui de Chilperic II inclusivement.

1788

Table du tome cinquième.

Contenant les règnes de Clotaire, Dagobert, Clovis II, Childéric II, Clotaire III, Théodoric I, Clovis III, Childebert II, et Chilpéric II

Section 45 Regne de Clovis III monumens des arts de ce regne.

Section 46 Childebert II. Princes contemporains, evenemens sous son regne en france et en Europe.

Section 47 Histoire de Dagobert. Princes contemporains. monumens de son regne.

Section 48 histoire de Chilperic II. Princes contemporains evenemens de son Regne.

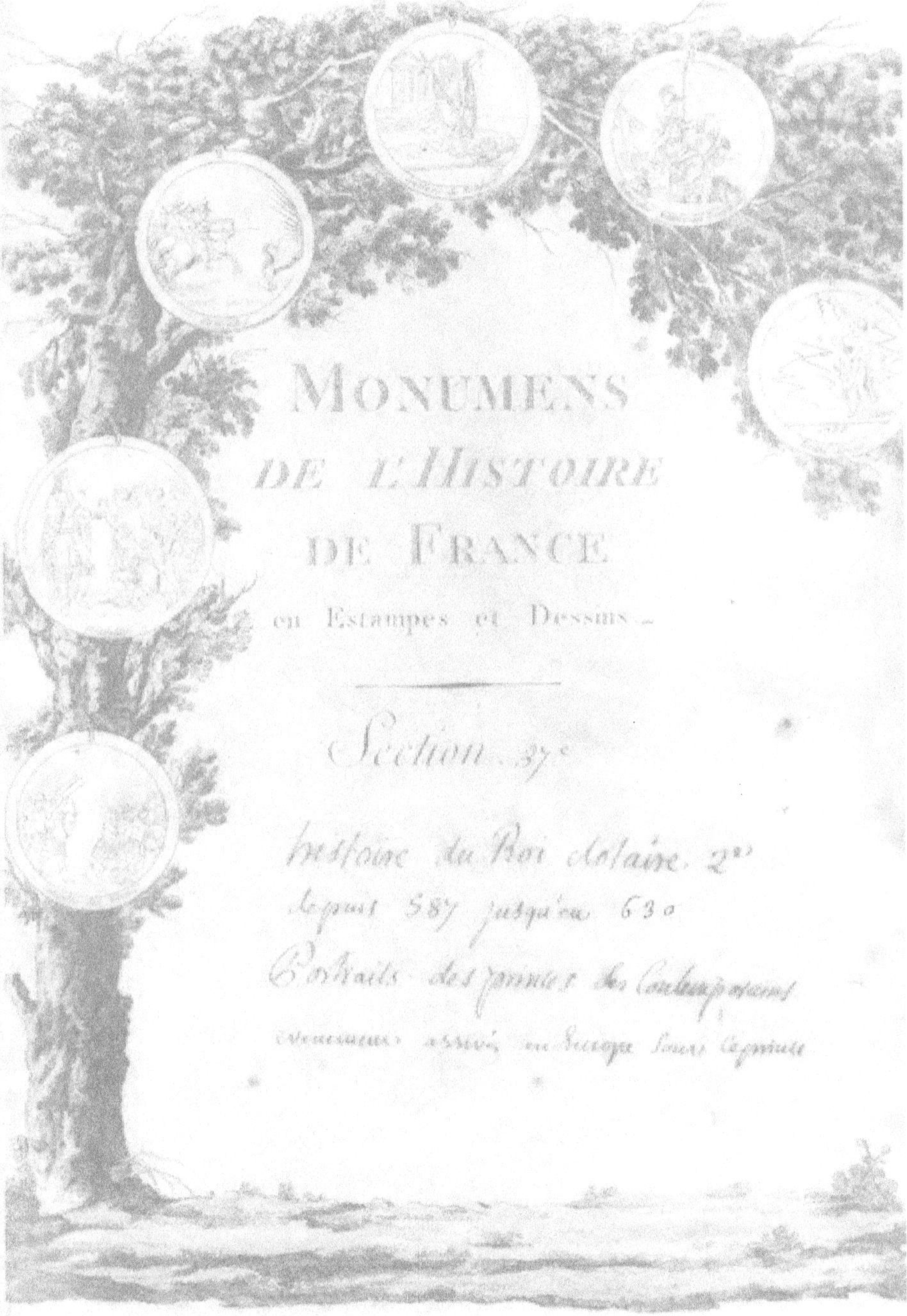

MONUMENS DE L'HISTOIRE DE FRANCE

en Estampes et Dessins.

Section 37e

histoire du Roi clotaire 2e
depuis 587 jusqu'en 630
Portraits des princes & contemporains
événemens arrivés en Europe sous ce prince

CLOTAIRE SECOND X ROY DE FRANCE

[illegible]

CLOTAIRE SECOND
DAGOBERT PREMIER
CLOVIS SECOND
CLOTAIRE TROIS
CHILDERIC DEUX
THIERRY PREMIER

BERTRVDIS.FRANCIÆ.REGINA.CLOTHARII.II.R.VXOR
BERTRVDE
ESPOVSE.DV.ROY.CLOTAIRE.II.
X

BERTRVDE *chere aux siens pour sa grande bonté,*
Logea dans vn beau corps vne ame encore plus belle:
Et seule sceut regner par sa fidelité,
Dans le cœur de celuy qui seul regna pour elle.

CLOTAIRE II,

SURNOMMÉ LE GRAND OU LE JEUNE,

Roi de France, né en 584; mort en 628.

BERTRUDE, R.^E DE FRANCE,

I.^RE FEMME DE CLOTAIRE II;

Née vers l'an 589; morte en 623.

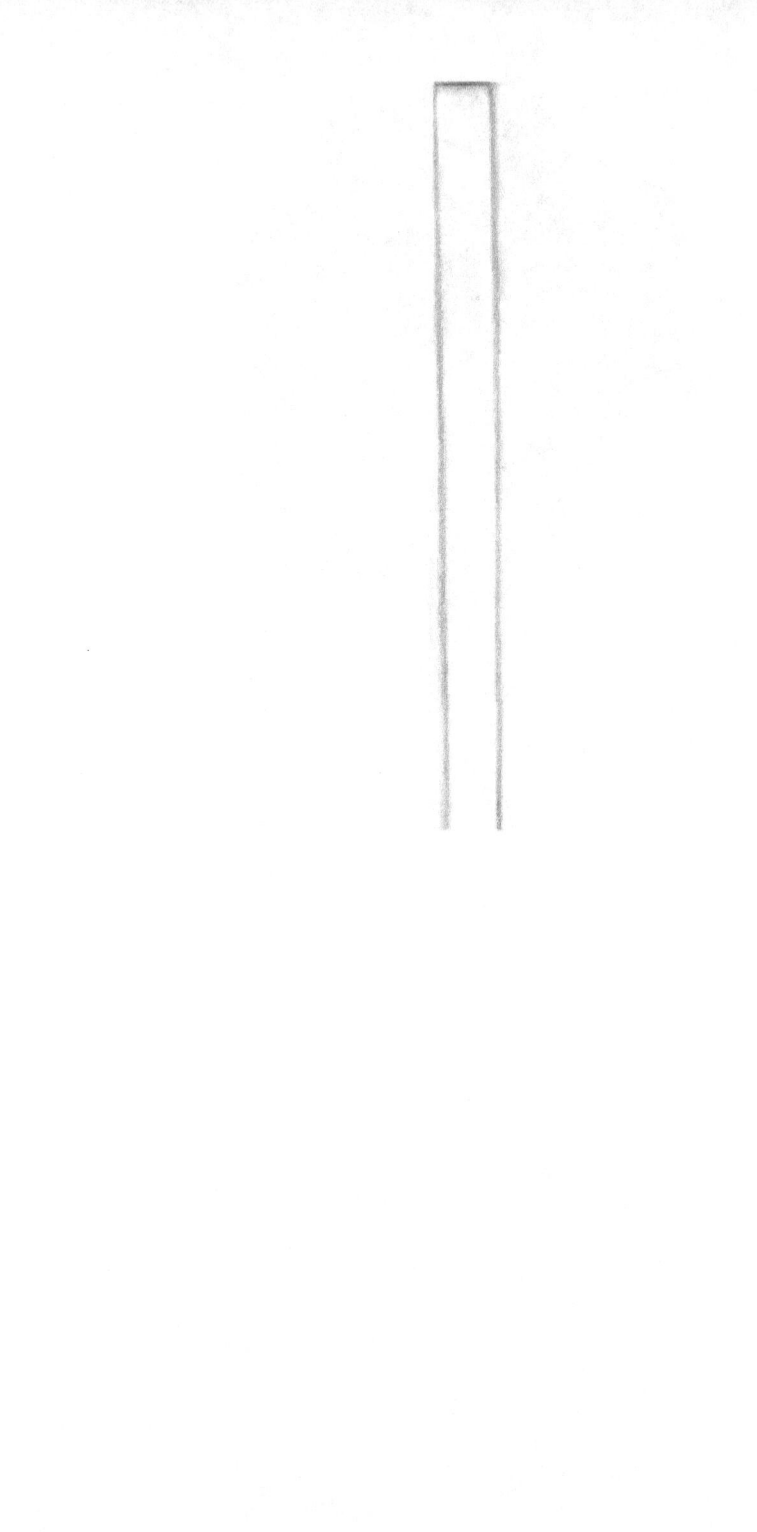

L'An de
IES. CHR.
DCIV.

Regnant
PHOCAS
Empereur.

CLOTAIRE
II. Roy de
France.

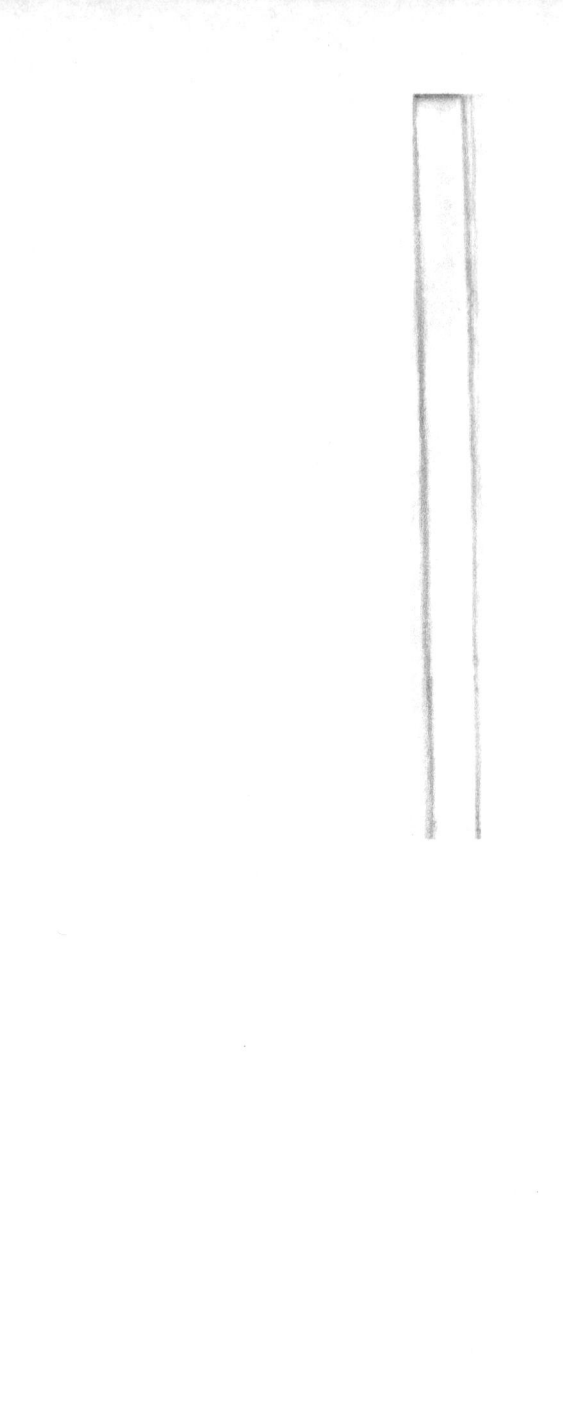

BONIFACIVS · III · PAPA · ROMANVS

BONIFASIVS·IIII·VALERIENSIS·

PONT. MAX. ROMA

BONIFACIVS · V · PAPA · NAPOLITANV

D · N · FL · MAVRIT · P · F · AVG.
MAVRITIVS, Cappadocia oriundus, Romæ natus Imperavit an.

D. N. FOCAS . PERP. AVG.
FOCAS
DCX.

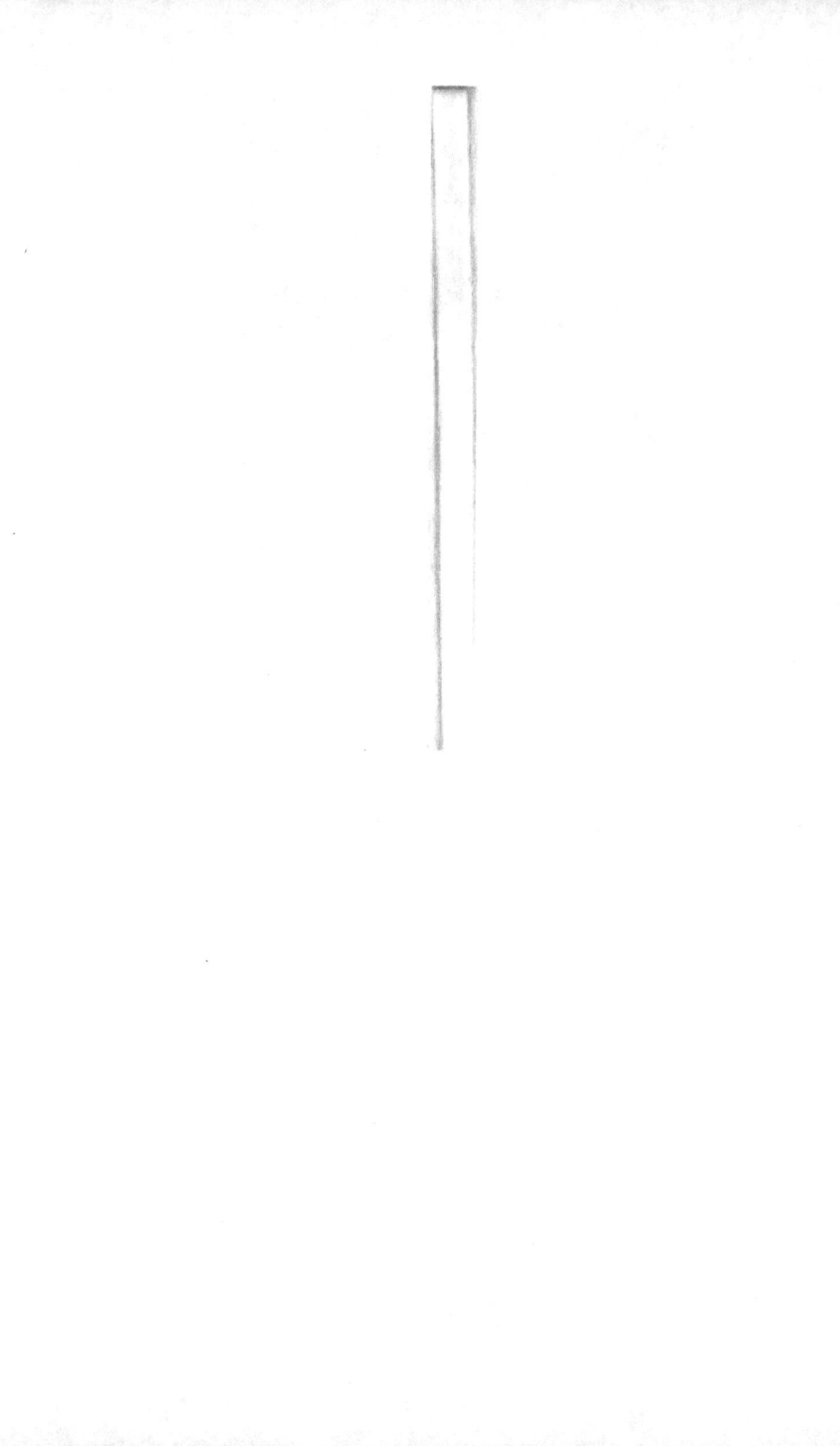

RECCAREDE LE CATHOLIQUE

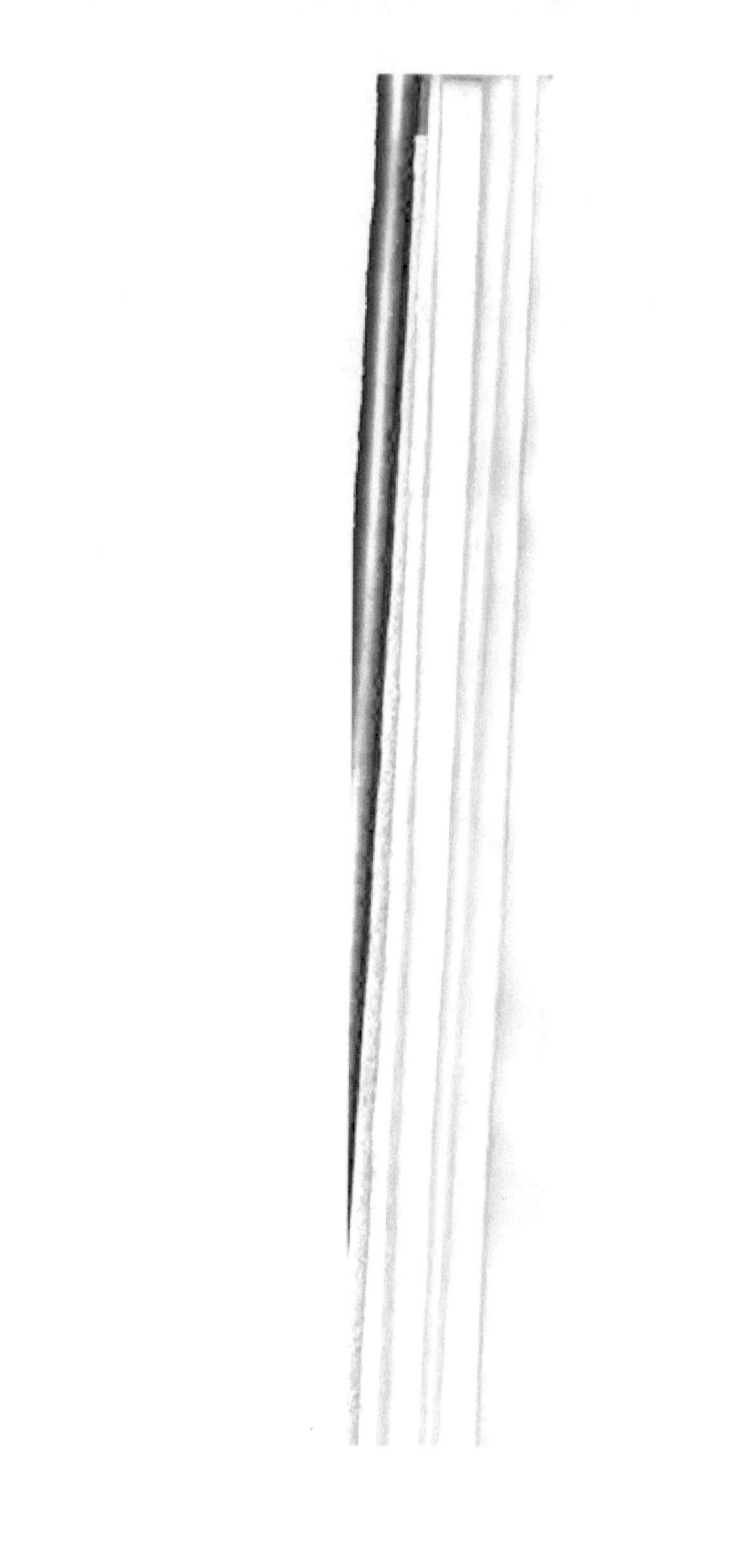

LA JUDITH FRANÇAISE. 394

[illegible]

10
CLOTAIRE DEVXIE

Seigneurs Contemporains de Clotaire 2°

X
CLOTAIRE II.
ROY

CLOTAIRE II,
X. Roy.

N'avoit que 4. mois quand son Pere mourut, vn Nommé Gon-
debaut qui pretendoit étre Fils de Chilperic se fit proclamer Roy
a Brive la Gaillarde. Etant poursuivi il se renferma dans Com-
minges vn Gontran l'assiegea et le contraignit de sortir pour luy
demander la Paix. il n'en fit pas a cent pas qu'il fut assasiné par
l'Ordre de Gontran. Ce Gontran prit Fredegonde sous sa Protection et son Fils Clotaire qui étoit son Neveu et qu'on faisoit nourrir
586. dans vn Bourg proche Tournay. Fredegonde fit si bien aupres de
Gontran qu'il consentit de venir a Paris et tint sur les Fonts de
Batême le Roy dans l'Eglise de Nanterre et le nomma Clotaire.
Elle fit la Guerre a Childebert sur qui elle repris les Villes de
Braine et de Soissons et deffit ce Prince en se servant d'vne ruse
pour l'attirer dans vn piege et dans la Bataille elle porta son
Fils Clotaire dans ses bras pour encourager les Soldats en leur
montrant leur Roy agé pour lors de 9. a 10. ans. Elle fit perir
596. dans cette journée 30000. de ses Ennemis. Childebert mourut
Roy d'Austrasie agé de 25. ans. Par la mort de Childebert.
Brunehaut et Fredegonde se trouverent en meme tems Regentes
l'vne en Austrasie et l'autre en Neustrie. Clotaire avoit pour lors
12. ou 13. ans, et Thierry environ huit et Theodebert 10. Mais
Fredegonde mourut dans sa Regence agée de 55. ans. Les 2.
Cousins Thierry et Theodebert declarerent la Guerre a Clotaire
qu'ils deffirent, et la Paix ne se fit qu'en cedant vne partie de son
612. Royaume. Puis ces deux Princes se la firent entre eux, et
Theodebert succomba et fut deffait dans les Plaines de Toul.
il y eut encore vn Second Combat et meme Fortune. Mais Theodebert fut pris et mené a Brunehaut qui le fit Moine apres
613. l'avoir fait raser. Thierry mourut agé de 26. ans, comme il
se preparoit a faire la Guerre a Clotaire. Les Austrasiens et
les Bourguignons qui étoient dans l'Armée de Brunehaut se re-
volterent et livrerent cette Malheureuse Brunehaut a Clotaire
qui la fit juger par les grands de son Royaume, apres luy
619. avoir fait Souffrir plusieurs tourmens, on l'attacha a la queue
d'vn Cheval indompté qui apres luy avoir fait Sauter la Cervelle
mit tout son Corps en pieces qui furent jettez au feu. Par ces
morts Clotaire devint le Maître ou le Roy de 3. Royaumes.
Environ dans ce tems les Lombards racheterent le Tribut qu'ils
624. payoient aux François. Dagobert fils ainé du Roy, fut fait
Roy d'Austrasie. Clotaire mourut a 45 ans et laissa deux fils
Dagobert et Charibert. cette Mort arriva l'année 628.

BATAILLE DES FRANÇOIS CONTRE LES SAXONS.

Clotaire II, fils et successeur de Chilpéric I, fut Roi de Soissons à l'âge de quelques mois, en l'an 584. Les talens de Frédégonde sa mère le soutinrent contre les efforts de Childebert II. Wintrio, Duc de Champagne, ayant pénétré, en l'année 593, avec une armée dans les états du Roi de Soissons, celui-ci le contraignit à se retirer après un combat qui fut sanglant pour les deux partis. Clotaire et sa mère envahirent la ville de Paris en 596. Cette agression leur attira la guerre avec Théodebert et Thierri, Rois d'Austrasie et de Bourgogne, mais ces deux princes furent défaits; ils eurent leur revanche l'an 600. Clotaire ayant essuyé une grande défaite près de la rivière d'Ouaine, se vit contraint à faire une paix honteuse. Quelques années après, la guerre se rallume entre Clotaire et Thierri: ce dernier eut l'avantage, fit prisonnier Mérovée, fils de Clotaire, et entra en vainqueur dans Paris en 604. Clotaire et Théodebert se liguèrent contre Thierri: celui-ci vainquit Théodebert, le fit prisonnier, et envahit l'Austrasie. Clotaire avoit attaqué la Bourgogne, mais Thierri fit marcher une armée pour le repousser, et mourut dès l'année 613, laissant quatre enfans sous la conduite de la fameuse Brunehaut. Alors les grands des royaumes d'Austrasie et de Bourgogne formèrent une ligue avec Clotaire pour lui livrer ces deux états, pour perdre Brunehaut et les enfans de Thierri. Ce projet reçut son exécution; Clotaire réunit dès ce moment sur sa tête toute la monarchie françoise, et les grands acquirent une grande influence dans l'état: ils ne voulurent avoir un roi que pour en faire leur jouet, pour gouverner sous son nom, et pour écraser la nation. Ils tentèrent de perdre Clotaire, mais l'entreprise ne fut pas couronnée de succès. Clotaire fit la guerre aux Saxons, les vainquit, et tua de sa main leur Duc Berthoald. Il ne s'occupa ensuite qu'à assurer la paix de l'état, où il fit régner la justice et l'abondance. Il mourut l'an 628. Son tombeau est dans l'église de S. Germain-des-Prés. On l'a loué d'avoir aimé les lois, d'avoir possédé l'art de gouverner; mais l'histoire lui reproche nombre de traits de cruauté, surtout la mort atroce de Brunehaut, et le meurtre des enfans de Thierri.

593

ÉTABLISSEMENT DES MAIRES DU PALAIS

Après la mort de Pepin, Maire du Palais d'Austrasie, sous le Roi Sigebert, Grimoald à qui Othon disputoit depuis trois ans cette grande charge, en resta en possession, et pour en jouir paisiblement fit assassiner son compétiteur. On voit que la dignité de Maire du Palais établie par l'indolence des Princes de la première race, éclipsoit la souveraineté même. Mezeray dit que les Grands l'élisoient, et que le Roi le confirmoit seulement. Il ajoute qu'avant de prendre possession de sa charge, il faisoit serment aux Evêques et aux Seigneurs de conserver leurs droits respectifs. Chaque Royaume avoit son Maire du Palais, mais il falloit qu'il y fût né, et qu'il y eût ses terres. Un Neustrien n'eût pas pû l'être en Austrasie.

Avec Privilège du Roi

MAIRES DU PALAIS.

Année 605.

Les Comtes de la Maison du Roi, d'abord simples surveillants des domestiques, ne tardèrent pas à réunir à cette place celle de Comte du Palais dont les fonctions consistoient à juger les causes des officiers du Palais. Enfin ils devinrent premiers Ministres sous le nom de Maires et ne laissèrent à leur Maître de prééminence que le rang, se réservant tout le pouvoir. D'accord avec les Grands dont ils étoient les compagnons, ils s'agrandissoient chaque jour de plus en plus aux dépens de l'autorité Royale. Brunehaut mère de Thierri Roi de Bourgogne, voulant détruire cette dangereuse exaltation, fit nommer Maire le Romain Protade, qui détestoit les Nobles. Ceux-ci ne tardèrent pas à se venger. Thierri les ayant menés à la guerre, ils saisirent un moment où ce Prince étoit sorti de sa tente, pour y entrer et percer de mille coups Protade, alors assis auprès d'une table, où il jouoit avec le médecin du Roi. Voici quelle étoit l'installation de ces grands Officiers dont on ne peut trop comparer la puissance et les fonctions qu'à celles des Grands Visirs. Lorsqu'on jettoit les yeux sur un Grand, pour l'élever à cette dignité, les autres alloient à lui et prenoient son bras qu'ils se mettoient sur le col.

CONSPIRATION DES GRANDS CONTRE LA POSTERITE DE THIERRI, Année 613.

CLOTAIRE II, gagné par la perfidie de Garnier Maire du Palais de Bourgogne et des Grands du Royaume d'Austrasie, fait périr les quatre fils de Thierri, dont le plus âgé n'avait que douze ans, et les fit égorger en sa présence.

Clotaire, qui par ce forfait réunit les trois Royaumes qui composaient la Monarchie Françoise, fut dans le fait moins puissant qu'aucun de ses prédécesseurs, parceque les grands qui ne s'étaient donnés à lui que sur la promesse qu'il leur avait faite de ne jamais les destituer de leurs offices, commencèrent à usurper toute l'autorité Royale, chacun dans son district, et aspirèrent à l'indépendance. C'est à cette époque, c'est à dire, à l'année 613 qu'on doit dater le déclin de la race des Mérovingiens.

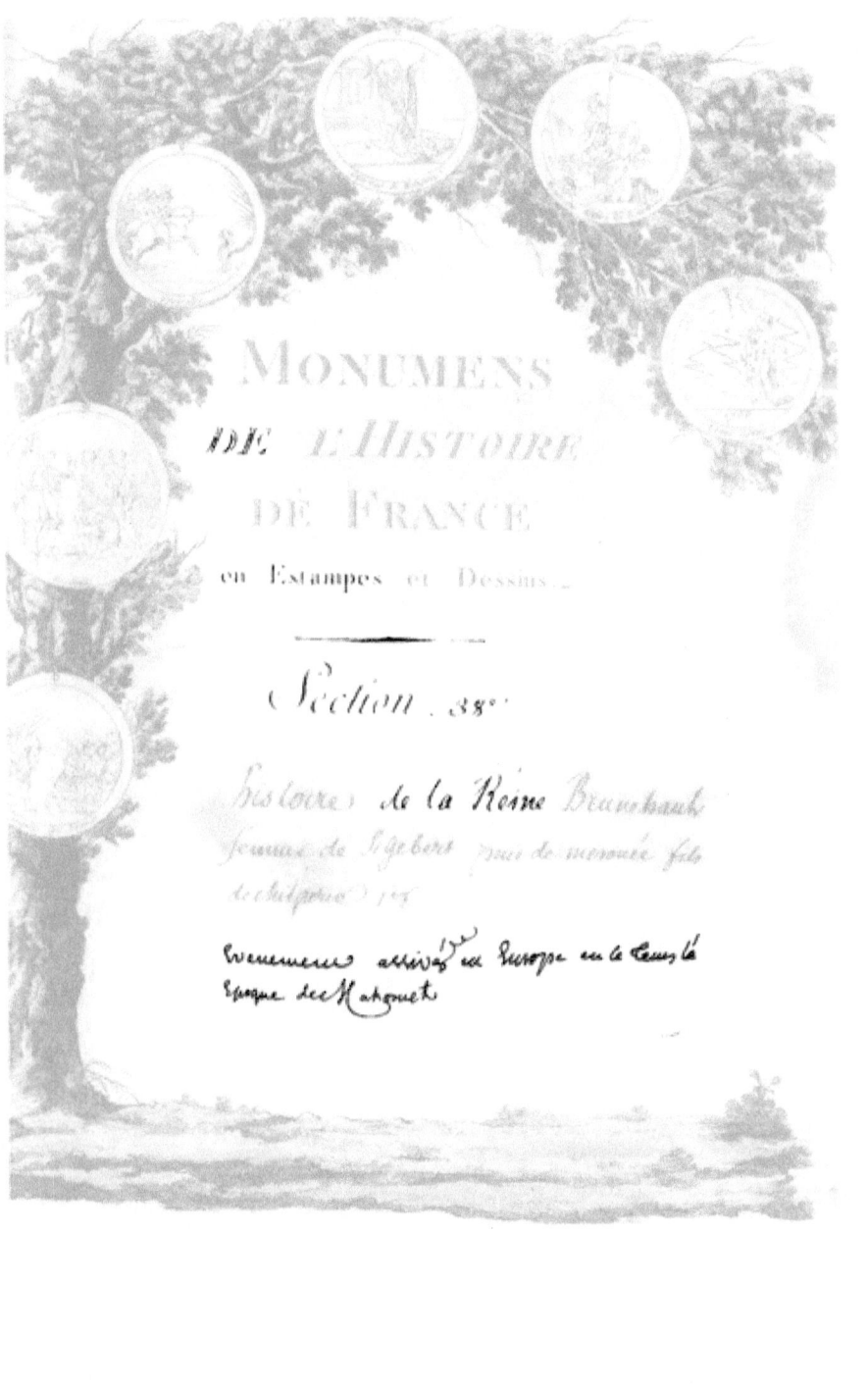

Monumens de l'Histoire de France

en Estampes et Dessins.

Section . 38e

Histoire de la Reine Brunehaut femme de Sigebert puis de Merovée fils de Chilpéric 1er

Evenemens arrivés en Europe en le temps de l'époque de Mahomet

MARIAGE DE SIGEBERT ET DE BRUNEHAUT.

Sigebert fils de Clotaire I, à qui dans le partage des Etats de son Père, échut le Royaume d'Austrasie dont la Lorraine faisoit alors la principale partie, ne voulut point suivre l'exemple de ses frères qui s'étoient dégradés jusqu'à prendre des femmes dans les plus basses conditions, sauf qu'ils avoient la faculté de répudier dès qu'ils en étoient las. Il fit demander en mariage Brunehilde ou Brunehaut, fille d'Athanagilde, Roi des Visigots.

C'est cette fameuse Brunehaut dont nos historiens ont fait des portraits si différens, et qui trouva dans Frédegonde une rivale digne d'elle, ensorte qu'elles donnèrent aux François, comme à l'envi l'une de l'autre, le spectacle des deux plus méchantes femmes qui ayent jamais porté le Sceptre.

BRUNEHAUT SECOURT LOUP, DUC DE CHAMPAGNE.

Brunehaut, *fille d'Athanagilde Roi des Goths en Espagne, épousa, vers l'année 566, Sigebert, Roi d'Austrasie. Outre une beauté rare et des graces sans nombre, elle avoit des talens peu communs dans l'art de gouverner. Sigebert ayant été assassiné en 575, son fils Childebert, qui avoit à peine cinq ans révolus, fut proclamé Roi d'Austrasie. Grégoire de Tours raconte que Brunehaut, reléguée à Rouen par Chilperic I, épousa, l'année suivante, Mérovée, fils de ce Roi de Soissons. Cette affaire donna lieu à quelques intrigues dont la suite devint funeste à Mérovée; mais Brunehaut, rendue à elle-même, voulut gouverner l'Austrasie sous le nom de son fils: la supériorité de ses talens, un désir immodéré de la domination, et peut-être de grandes imprudences, lui attirèrent une haine implacable de la part des grands du royaume. Loup, Duc de Champagne, qu'elle favorisoit, se trouvant attaqué par une foule d'ennemis, et les armées étant sur le point d'en venir aux mains, Brunehaut se porta à cheval sur le champ de bataille, s'élança entre les deux partis et voulut les séparer; mais Ursion, furieux, lui cria: Femme, retirez-vous, qu'il vous suffise d'avoir gouverné sous le feu Roi votre époux; votre fils règne aujourd'hui; le soin du royaume ne regarde que nous, retirez-vous, ou vous serez foulée aux pieds des chevaux. Ces menaces n'effrayèrent point Brunehaut; elle resta ferme, parla avec une éloquence si touchante et si vive, qu'elle désarma les combattans. Childebert étant mort, elle gouverna sous le nom de Thierri, qu'elle est accusée d'avoir corrompu, et ensuite sous le nom des enfans de ce Prince pusillanime. La haine des grands alla toujours croissant contre cette Reine; ils intriguèrent pour la perdre, se liguèrent avec Clotaire II, l'appelèrent en Austrasie, lui livrèrent Brunehaut et ses arrière-petits-fils, qui furent mis à mort. Les historiens assurent que Clotaire II et les grands, non contens d'avoir condamné cette Reine à être traînée à la queue d'une cavale indomptée, eurent la cruauté de faire exécuter (en l'an 613) ce jugement atroce.*

BRUNEHAUT.
est promenée dans le Camp sur un Chameau.

Tom.I.

Brunehault Condamnée par Clotaire

qui la fit comparaitre en sa presence

l'accusa d'avoir fait mourir dix rois ou princes français et la condamna a etre attachée a la queue d'un cheval indompté./.

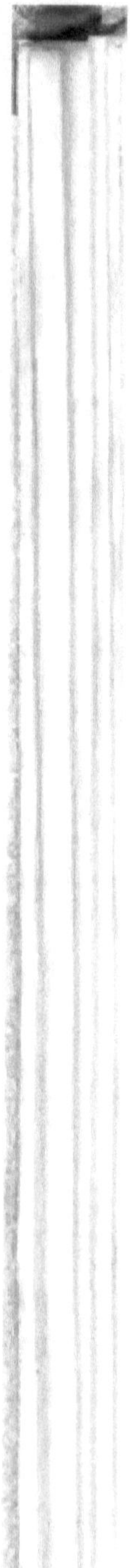

Supplice de Brunehaut

31

Pag. 62

Supplice de Brunehaut.

613.

Supplice de Brunehault

SUPPLICE DE BRUNEHAUT.

Clotaire II Roi de Neustrie, s'étant rendu maître de la personne et des trois enfans de Brunehaut alors veuve de Mérovée, fils de Chilpéric, Roi de Soissons et de Paris, commença par faire égorger deux de ces Enfans. Ensuite il assembla ses Troupes pour juger solemnellement la Mère. Lui même il se rendit son accusateur, et lui imputa beaucoup plus de crimes qu'elle n'en avoit commis; car il lui reprocha la mort de dix Rois. Tous crièrent hautement qu'elle méritoit la mort, et les tourmens les plus rigoureux. Après l'avoir promenée dans tout le Camp, sur un Chameau, on l'attacha à la queue d'une Cavalle indomptée, qui la traînant sur des cailloux et dans les halliers, la déchira en mille pièces. Son Cadavre fut jetté au feu.

Les auteurs sont fort partagés sur cette malheureuse Princesse. Voyez l'Histoire de France de l'Abbé Velly, Tom I.

611

Defaite du Roi Theodebert roi
par Theodoric roi & son frere

Theodoric assembla son armée à Langres
s'avança jusqu'à Toul où Theodebert vint
avec son armée austrasienne. la bataille
y fut donnée Theodebert vaincu s'enfuit
à Cologne & leva une autre armée : une
seconde bataille encor plus furieuse fut donnée &
Theodebert vaincu par son frere fut emmené
en sa presence depouillé de ses habits royaux
Theodoric ordonna de le lier et de le conduire
à chalons sur Saone où il fut mis à mort.

613

Clotaire après avoir fait égorger les enfans de Theodoric, Condamne la Reine Brunehault a être tirée par les cheveux et trainée par un cheval fougueux. par cette operation, il reunit en un seul les Royaumes de France

BERTRUDE OBTIENT DE CLOTAIRE LA GRACE DE PLUSIEURS CONSPIRATEURS.

Bertrude, qui étoit de la race des Rois des Bourguignons, épousa Clotaire II. Les grands d'Austrasie et de Bourgogne qui avoient assujéti leurs Rois à ce Prince et lui avoient livré les deux royaumes en traitant avec lui pour s'affermir dans leurs usurpations et dans leur tyrannie. Ce pas fait, ils voulurent perdre Clotaire II. Le Patrice Aléthée conçut le projet de faire périr le Roi et d'épouser la Reine. Leudemonde, Evêque de Sion, (Ville située dans le Valais) s'efforça, dans des entretiens secrets, de persuader à Bertrude que Clotaire II devoit mourir dans l'année; il lui conseilla de ramasser le plus de trésors qu'elle pourroit, et de les faire passer à Sion, place forte où elle et ses trésors seroient en sûreté; il lui confia que le Patrice Aléthée vouloit renvoyer sa femme, et l'épouser elle-même; il lui fit entendre qu'après la mort de Clotaire, Aléthée pourroit aisément devenir Roi; mais Bertrude, qui son époux aimoit tendrement, repoussa ces insinuations avec horreur; elle en instruisit Clotaire. Aléthée paya ses complots du dernier supplice. Leudemonde, plus heureux, prit la fuite et se tira d'affaire. Le reste des coupables obtint sa grace par l'intercession de Bertrude, à qui Clotaire jura solemnellement d'oublier le passé. Cette Princesse que le Roi avoit uniquement aimée, qui s'étoit attiré le respect de ses sujets, mourut l'an 618. Son tombeau est dans l'église de St Germain-des-Prés.

Tombeau de la Reine Brunehaut
enterrée dans l'Eglise de l'Abbaye de St. Martin Lès-Autun.

MBEAU DE LA REINE BRUNÉH

Pl. 18

620

Cosroës fait ecorcher vif son General d'armée parcequ'il n'avait pas fait Heraclius prisonnier

627

Triomphe de Mahomet il fonde l'Empire des Turcs, cet empire qu'on a vu s'étendre depuis Gibraltar jusques aux indes & dont les debris ont formé trois puissantes monarchies, il vainquit les juifs arabes, les arabes, la grece, les perses, la syrie, il montra l'intrepidité d'Alexandre

TABLEAU GÉNÉRAL
DE
L'EMPIRE OTHOMAN,

TOME PREMIER.

A PARIS,

De l'Imprimerie de Monsieur.

M. DCC. LXXXVII.

AVEC APPROBATION ET PRIVILEGE DU ROI.

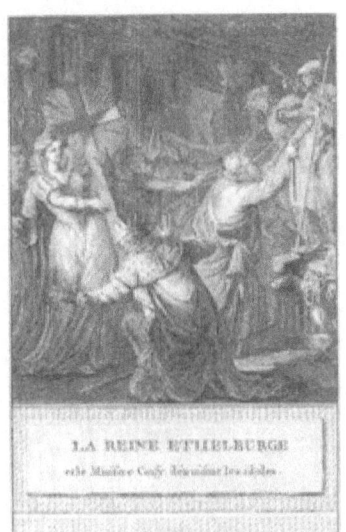

LA REINE ETHELBURGE

et le Ministre Coify détruisant les idoles.

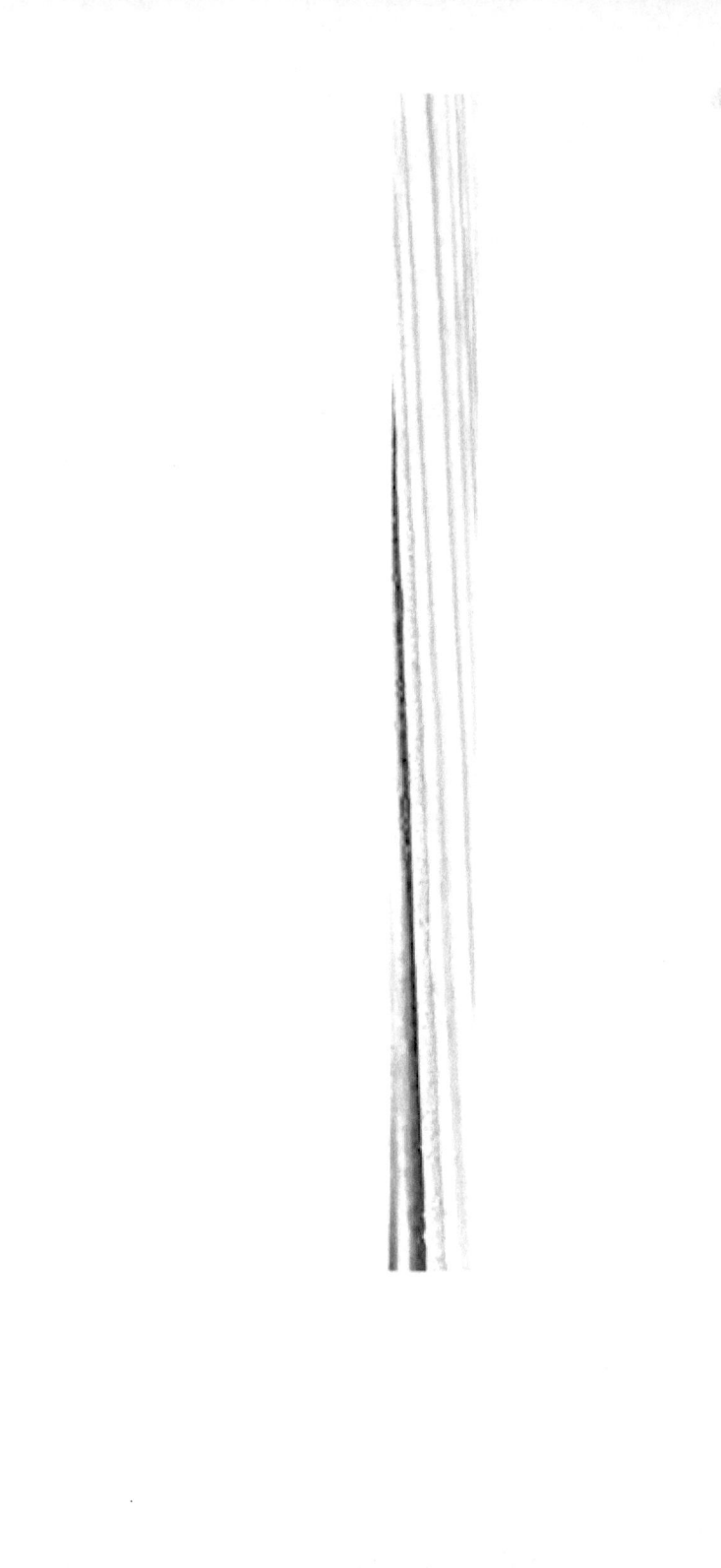

MONUMENS DE L'HISTOIRE DE FRANCE

en Estampes et Dessins.

Section 29e

Regne de Dagobert Ier depuis l'an 632 jusqu'en 646

Portraits des princes ses Contemporains

92

DAGOBERT I DU NOM ET XI ROY DE France

HONORE', I. DV NOM, LXXI. PAPE.

L'An de Ies. Chr. DCXXVI.

Regnant Heraclius Empereur.

Clotaire II. & Dagobert I. Rois de France.

SEVERIN, LXXII. PAPE.

L'An de
IES. CHR.
DCXXXIX.

Regnant
HERA-
CLIVS Em-
pereur.

DAGO-
BERT I. de
nom Roy
de France

IEAN, IV. DV NOM, LXXIII. PAPE.

L'An de Ies.Chr. DCXXXIX.

Regnant Heraclivs Empereur.

Dagobart I. du nom, Roy de France.

THEODORE, I. DV NOM, LXXIV. PAPE.

L'An de Ies. Chr. DCXLI.

Regnans Heraclius, Constantin Heraclion, & Constans Empereurs.

Dagobert I. du nom, & Clovis II. Roy de France.

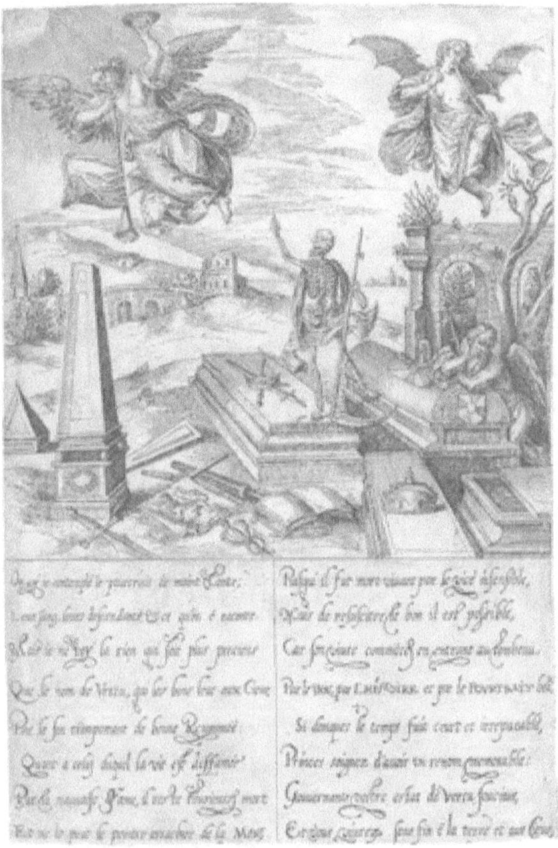

l'an 621

Institution des Comtes forestiers par le roi Dagobert en faveur de Lyderic

Cet office devint depuis une Souveraineté héréditaire

3

LYDERICK LE BUC 1 FORESTIER

Premier forestier
gendre de
[illegible]
2e.
3

11 et 12
CLOVIS

Princes & seigneurs du temps
de Dagobert

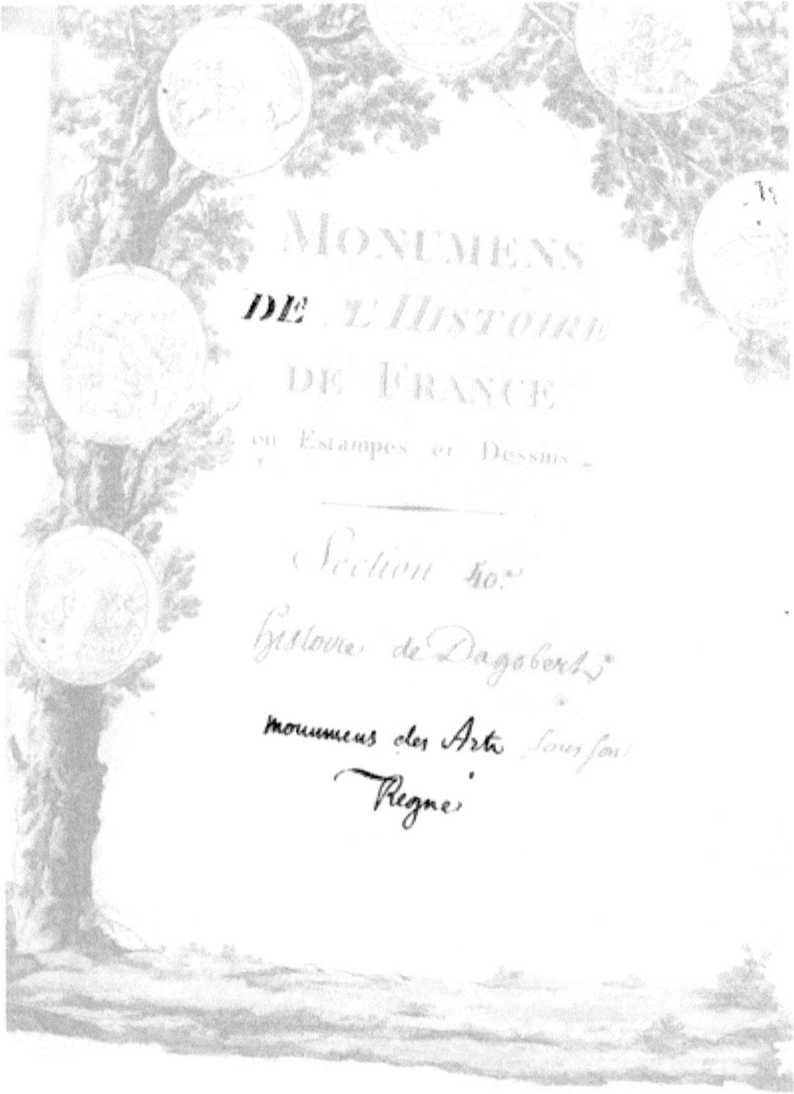

DE L'HISTOIRE DE FRANCE

en Estampes et Dessins

Section 40e

histoire de Dagobert 1er

monumens des Arts sous son Regne

92

XI.
ROY
DAGOBERT I.
Quelques Années apres son avenement a la Couronne, il fit paroitre la grande devotion quil avoit a St. Denis en faisant batir cette superbe Abbaye a deux lieuës de Paris Sepulture Ordinaire de nos Roys.

DAGOBERT

XI. Roy, et Premier du Nom.

Peu de tems apres avoir été Reconnu Roy de Neustrie il alla
628. visiter la Bourgogne ou il fit plusieurs belles actions de justice et
de Vertu, Mais qui furent gatées par le Meurtre qu'il fit faire de
Brunulfe de ce qu'il paroissoit être trop dans les interest d'Aribert son Frere. Il repudia Gomatrude, pour épouser Nantilde
l'une de ses Suivantes qui fut bientost disgraciée et sa place
Occupée par Ragnetrude, peu de tems apres il en épousa
encore deux autres Wlfegunde et Bertechilde. Les Sages
630. personnes de son conseil dont il s'étoit défait, fit qu'il donna
carriere a ses deux Passions dominantes, l'Amour et l'Ava-
rice. Mais comme le fond de son ame étoit bon, les remontran-
ces de St Amand Eveque de Tongres le firent revenir. Il reprit
Nantilde sa premiere Femme, et passa le reste de ses jours
avec elle. Il eut un Fils de Ragnetrude, il pria son Frere
de le Nommer ce qu'il fit a Orleans et luy donna le Nom de
Sigebert. Aribert mourut peu de jours apres être de retour
a Toulouse laissant un enfant qui mourut aussi au Berceau
ainsi Dagobert se trouva seul Roy. Ce Prince eut une Sin-
631. guliere devotion pour St Denis et ses Compagnons Martirs,
Il fit bâtir une Eglise a son honneur qu'il accompagna d'une
Riche Abbaye. Il assembla les Prelats et les Seigneurs
633. du Royaume et établit son Fils Sigebert Roy d'Austrasie,
636. l'année suivante il luy naquit un Fils de sa Femme Nantilde
qui fut nommé Clovis. Les Seigneurs Gascons et leur
Duc Aighina vinrent comme ils avoient promis se rendre
a la mercy de Dagobert, et se mirent en Asile dans l'Eglise de St Denis, et ils Obtinrent par la ce qu'ils deman-
doient. Pour lors le Royaume étant paisible au dehors et
au dedans, Dagobert fut attaqué d'une Disenterie a sa
Maison Royale d'Epinay pres St Denis, Il se fit porter
638. dans l'abbaye ou il mourut le 17. Janvier 638. agé de 58
ans apres avoir regné 16 ans. Il fit de grandes donna-
tions aux Eglises ce qui luy attira les Eloges du Clergé.

TENTATIVE INFRUCTUEUSE EN FAVEUR DE L'AUTORITÉ ROYALE.

Année 62[illegible]

Dagobert I, fils et successeur de Clotaire II, voulant relever en Bourgogne, l'autorité royale, que son père avoit abandonnée aux Grands, se transporta subitement dans ce Royaume à la tête d'une armée et établit son Siège Royal, d'abord à Langres, ensuite à Dijon et à St. Jean de Losne. Les Peuples opprimés par les Seigneurs y firent entendre leurs plaintes. Les Seigneurs les plus coupables furent punis du dernier supplice, d'autres furent dépouillés, et condamnés à des amendes. On bénissoit le Monarque qui pour assurer le repos à ses sujets ne se donnoit le tems ni de manger ni de dormir. Mais une justice qu'on ne pouvoit déjà plus exercer qu'à la tête d'une armée, était une foible barrière contre des usurpations invétérées et journalières.

Aussi tôt que le Monarque se fut éloigné, les vexations recommencèrent, et les cris impuissants de la multitude ne parvinrent plus aux oreilles du Monarque.

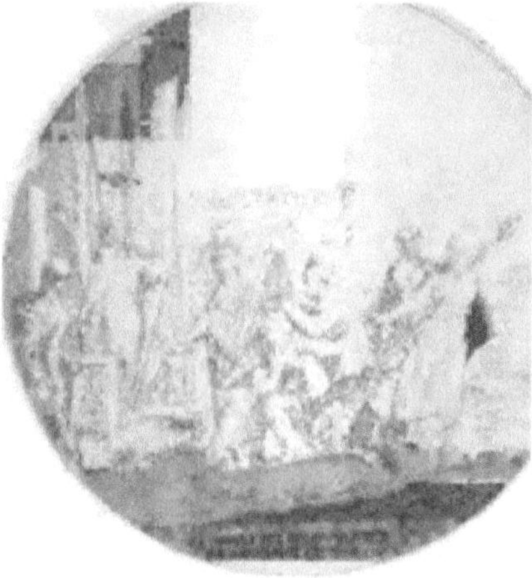

630

Dagobert fait bâtir l'église

St denis

XVI.

AMBASSADE VERS SAMON,
Roi des Esclavons.

Tom. I.

12. Maij
16. Martij

S. RICTRUDIS, Abbatissa et fundatrix Marchianensis in Flandria monasterij, floruit temporibus Dagoberti Galliæ Regis. S. EUSEBIA, eius filia, virgo et Abbatissa Hamaticensis, S. Amandi Traiectensis Episcopi, una cum matre, discipula extitit. Quiescunt Marchianis singulæ in feretris argenteis inauratis

fondation de Nre Abbaye de
Marchiennes
sous le roi dagobert

XVII

JUDICAEL ROI DES BRETONS
vient avec S.t Eloi, trouver Dagobert à Clichy.

Tom. I

SOUMISSION DES GASCONS

Année 635.

Les Vascons ou Gascons occupoient de toute ancienneté les pays des Pyrénées et la Province de Guipuscoa en Espagne. S'étant successivement étendus dans le Béarn et les Evêchés de Tarbes et de Bayonne, ils profitèrent des guerres civiles et des autres embarras du gouvernement, pour exercer des brigandages sur les Provinces voisines et étendre leur domination. En l'année 635 Dagobert envoya contre eux une armée formidable, commandée par des Ducs, et composée de toutes les milices de l'Aquitaine et du Royaume de Bourgogne. Envain les Gascons essayèrent de résister, sous la conduite d'Aiginan leur Duc. Renversés dès le premier choc et poursuivis jusques dans leurs dernières retraites, ils ne se préservèrent d'une totale destruction, qu'en se soumettant sans réserve aux Monarques françois. En exécution de ce traité, Aiginan et les Chefs qui lui étoient subordonnés, se rendirent à S. Denis, et jurèrent, sur le Tombeau de l'Apôtre des Gaules, de se contenir dans les limites qu'on leur assignoit, et de vivre en sujets dociles. Ils respectèrent ce Serment pendant près d'un Siècle. Pepin-le Bref, contre lequel ils s'étoient soulevés, les fit rentrer dans le devoir et acheva de les incorporer à la Monarchie.

MORT DE DAGOBERT.

Année 638.

DAGOBERT, jeune plus recommandable par son amour pour la justice et par son attention à perfectionner les loix nationales des différens peuples qui composoient la Monarchie que par ses qualités guerrières, sentant approcher le terme de sa vie, quoiqu'il ne fut encore âgé que de 35 ans, se fit transporter dans le Monastère de St. Denis, dont il peut être regardé comme le fondateur. Livré d'inquiétude, et considérant combien l'amour des peuples étoit refroidi pour la race de leurs Rois, depuis que plusieurs de ces Rois les avoient en quelque sorte accoutumés eux-mêmes au crime et à l'infidélité, il appelle auprès de son lit Aega maire du palais, pour lui recommander Clovis son fils, qui n'étoit âgé que de 5 ans et la Reine Nantilde mère de ce jeune prince, mais peu accrédité dans la nation. Aega justifia pleinement la confiance de son maître.

i. f. 38.

Dagobert fait corriger les loix par les gens de loi les plus habiles de ses Etats.

MONUMENS DE DAGOBERT I.
ET DE SES DEUX FILS.

6)

Tombeaux

&

Monumens

de

Zigebert

chilperic

fredegonde

& Dagobert 1er.

4

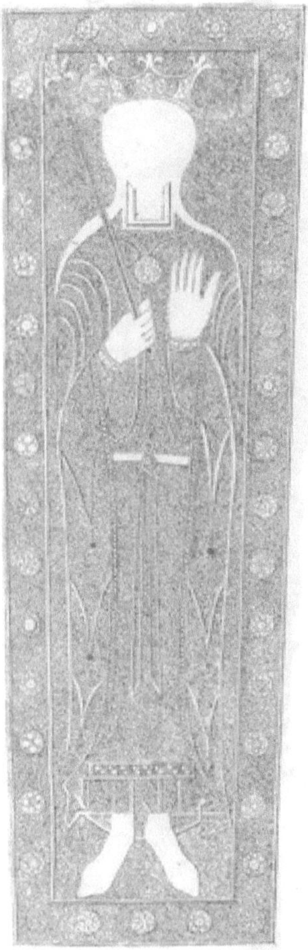

5

R
DEVS
B
DEI GRACIA DAGOBERTVS REX
Sceau de Dagobert

6

MONUMENT DU ROY DAGOBERT
premier du nom.

DES ROYS DAGOBERT ET

DAGOBERTVS · SECVNDVS ·

BAS-RELIEF DU TOMB. DE DAG.T I.

70

BAS-RELIEF DU TOMB. DE DAG.T I.

71

BAS-RELIEF DU TOMB. DE DAG.T I.

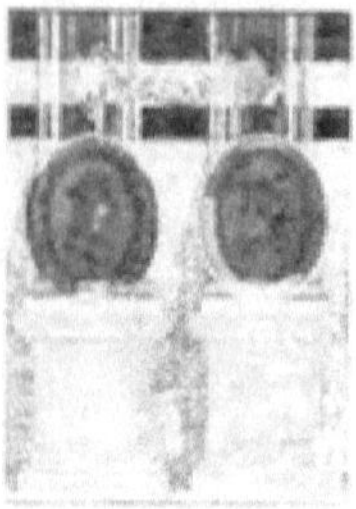

MONUMENS DE L'HISTOIRE DE FRANCE

en Estampes et Dessins.

Section 4e.

Regne de Clovis IIe. portraits des princes ses contemporains. histoire de son regne. histoire de Ste Bathilde son Epouse evenemens arrivés en Europe sous son regne. monumens.

CLOVIS SECOND XV ... ROY DE FRANCE

S. MARTIN, I. DV NOM, LXXV. PAPE.

L'An de
Ies.Chr.
DCXLIX.
Regnant
Hera-
clivs
Consta s
II. du nom,
Empereur.

Clovis
II. du nom
Roy de
France.

EVGENIVS PRIMVS ROMANVS

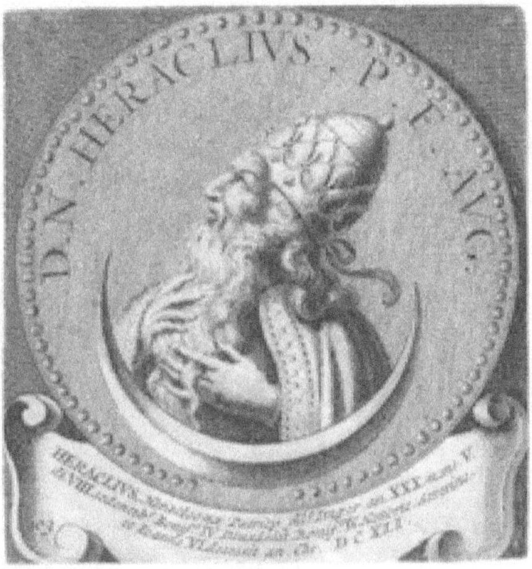
D.N. HERACLIVS . P. F. AVG.

DD. NN. HERACLIVS. ET. HERA. CON. SEMP. AVG.
CONSTANTINVS III
Christi. DCXLI

78

D.N. HERACLEONAS. P.F. AVG.
HERACLEONAS.
DCXLII

PIPINVS SENIOR BRABANTIÆ DVX I.

Premier duc de

Brabant.

11 et 12
DAGOBERT
CLOVIS

Seigneurs militaires, intimes
de Dagobert 1
& clovis 2e

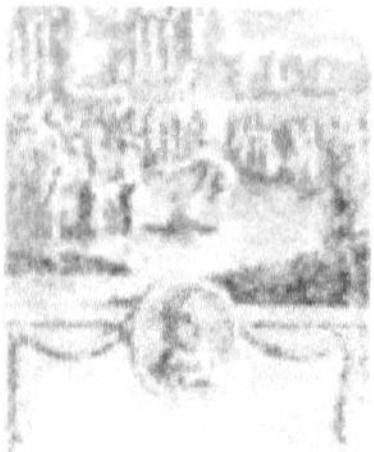

XII.
CLOVIS II.
ROY
En 645. une grande Famine qui affligeoit tout le Royaume. Clovis qui pour lors n'avoit encore que 12. ou 13. ans par l'avis de son conseil, fit prendre les Lames d'Argent dont le Tabernacle ou Chappelle qu'on mettoit sur la Chasse de St Denis étoit couverte pour être le prix distribué aux Pauvres.

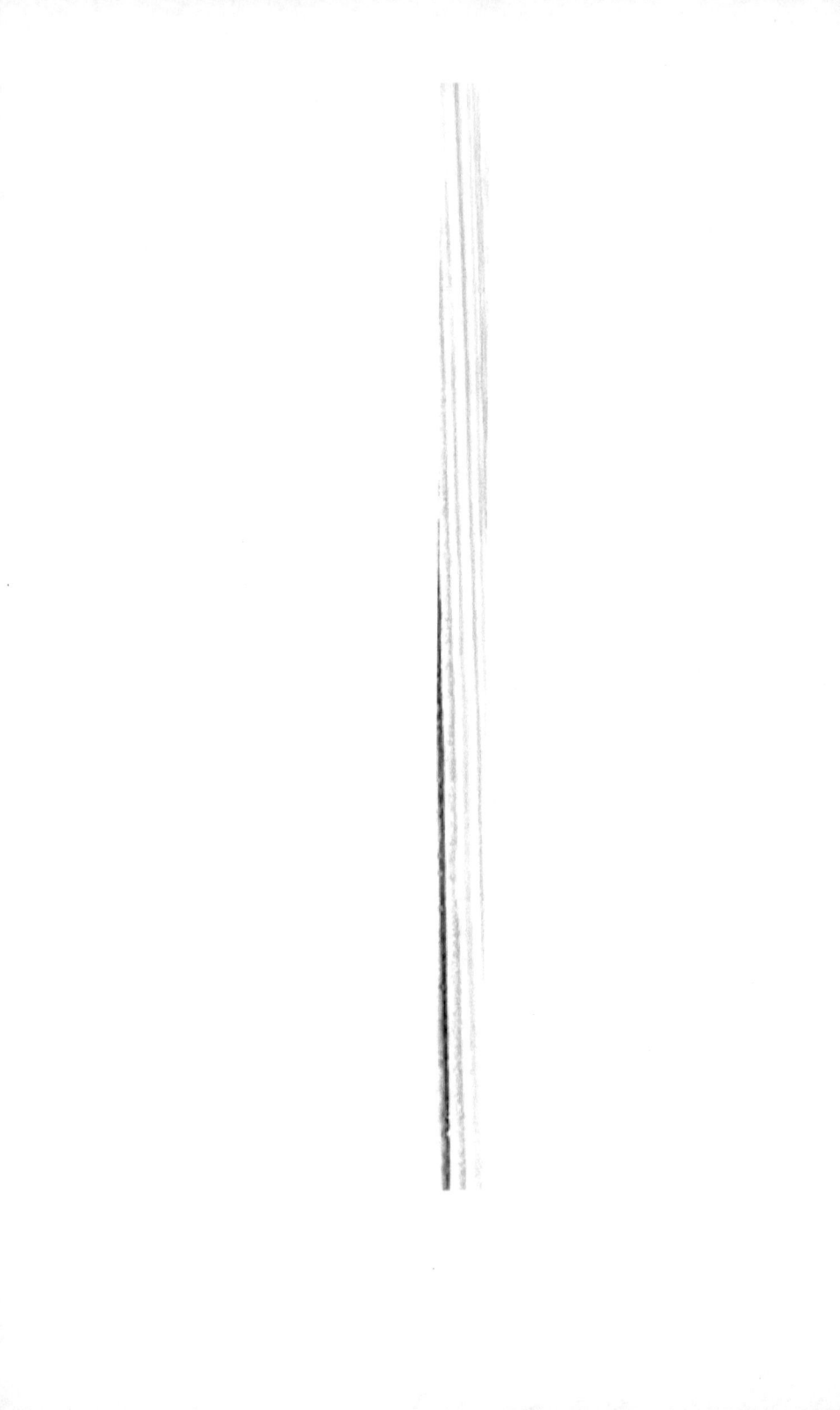

CLOVIS.II.

XII. Roy, Second du Nom.

*Dagobert en mourant laissa deux Fils dont l'aisné Sige-
bert étoit Roy d'Austrasie depuis six ans, et le Second étoit
Clovis destiné pour être Roy de Neustrie et de Bourgogne.
le bas age de ces Princes et leur peu de Genie donnerent
occasion aux Maires de se Saisir du Gouvernement et de
monter enfin sur le Trosne. Pepin étoit rentré dans la
Charge de Maire du Palais, Mais ce Fidel Ministre ne
survecut que 13. mois a Dagobert, il fut regretté de tous
les François et pleuré comme le Peré de la Patrie.
Ega étoit aussi Maire de Neustrie et homme fort vertueux. Les 2. Royaumes sous de si Sages Ministres
jouirent d'une heureuse tranquilité, Mais aprés leur
mort, La Reine Nantilde fit par son credit élever a cette*
641 *dignité Flaochat qui n'étoit pas aymé du peuple. Tandis
que les Maires faisoient servir a leur ambition l'Authori-
té Royale, les 2. Roys qui étoient de petits Genies faisoient bâtir grand Nombre de Monasteres, c'étoit la Mode
aussi bien que les donations excessives qu'on fut obligé
en partie de revoquer. Clovis receut de son Maire Erchinoalde pour Epouse Batilde qui étoit une belle Esclave
Angloise que le Maire avoit achetée des Pirates qui l'a-
voient enlevée vers l'an 549. tellement que de son Esclave
il en fit la Femme de son Roy. Elle fut generalement aymée
des Grands et des peuples. Elle eut trois Fils de Clovis
savoir Clotaire, Childeric et Thierri qui regnerent tous
trois. ils n'étoient que des Enfans quand le Pere mourut
agé de 23. ans et de son Regne le 18. sa Veuve fut dé-
clarée Regente. une grande Famine obligea Clovis de
prendre les Lames d'Argent, dont le Tabernacle ou Chappelle qu'on mettoit sur la Chasse de St Denis étoit couverte pour Nourrir les pauvres. Comme il avoit le cerveau
foible, quelques gens faux Zeles dirent que c'étoit cette
action qui luy avoit attiré cette punition de Dieu de ce qu'il
avoit fait detacher un bras du Corps de St Denis pour
mettre dans son Oratoire.*

638

clovis à l'age de Cinq ans est reconnu Roi sous la Conduite D'Ega. & dans la lettre grise .... songe de st. eloy le soleil s'eclypse & fait place à la lune & a trois etoiles presage que la reine & ses enfans succederaient à clovis.

PARTAGE DES TRÉSORS DE DAGOBERT.

Année 639

Après la Mort de Dagobert, la Monarchie françoise se trouva partagée entre ses deux fils, dont le plus âgé n'avoit que huit ans. Incapables dans un âge si tendre de gouverner, ils fournirent une occasion favorable à l'ambition des Maires du Palais, qui de Premiers Officiers de la maison du Roi, se constituèrent Régents du Royaume et Médiateurs entre les Monarques et la Nation.

Pepin Maire d'Austrasie pour le Roi Sigebert, et Aega Maire de Neustrie et de Bourgogne pour Clovis II. convinrent de s'assembler au Palais de Compiègne, où l'on procéderoit au partage des Trésors de Dagobert. On fit trois lots égaux de tout ce qui se trouva de meubles riches, de vases d'or ou d'argent et de Pierres précieuses. Les deux Rois en eurent chacun un, et le troisième demeura à la Reine Nantilde, conformément à une disposition de la loi Ripuaire, qui donne à la Ve le tiers du Mobilier acquis pendant le Mariage.

ACTION CHARITABLE DE CLOVIS II.

Année 657.

TANDIS QUE les Maires du Palais disposoient de tout dans la Monarchie, nos Rois réduits à n'être plus que les jouets de leur Ambition, s'engourdissoient dans une éternelle Enfance. A peine l'Histoire a t'elle daigné nous conserver quelques traits généreux, qui peignent leur caractère. Clovis II. qui commence la liste de ces Rois fainéans épousa par une intrigue d'Erchinoalde son Maire, une jeune esclave d'une beauté rare et d'une éminente piété, nommée Bathilde. La principale occupation des deux Epoux étoit de servir Dieu et de distribuer les aumônes à une multitude de Pauvres, qui s'assembloient de toutes les parties du Royaume au tour de leur Palais. Dans une année de disette, où les [illegible], qu'Erchinoalde laissoit à leur disposition, ne suffisoient pas pour sauver la vie à tant de malheureux, Clovis II. [illegible] en sa présence les lames d'Or et d'Argent, qui couvroient les tombeaux de St. Denis et de ses compagnons de martyre. Des Moines [illegible] crièrent à la profanation. Les gens sensés applaudirent au motif que [illegible] le Monarque dans cette occasion, mais ne laissèrent pas d'imputer à sa pusillanimité l'avilissement où étoit tombée la Royauté.

Cette gravure m'a été
donnée par l'auteur
Cochin
Celebre graveur dont il
y a dans ce recueil
tant d'ouvrages

CLOTHOVEI . II . RE . VXOR . S . BATHILDIS . REG . FRAN .
S.
BATILDE.
DE. SAXE.
ESPOVSE. DV.
ROY.
CLOVIS II.

A divers accidents cette Reine exposée,
Des grandeurs de la cour quita le faux esclat,
Et de l'amour du ciel saintement embrasée,
Pris le voile sacré des mains d'un grand Prelat.

BATHILDE RACHÈTE LES ESCLAVES ET RÉPRIME LA VENTE DES ENFANS.

Bathilde étoit originaire de cette partie des Saxons qui, joints aux Anglois et aux Jutes, avoit passé dans la Grande-Bretagne vers le cinquième siècle. Elle tomba en esclavage, et se trouva au nombre des domestiques du Maire Erchinoald. Clovis II, épris de la beauté de cette jeune fille, l'épousa vers l'an 648. Après la mort de son époux, elle gouverna avec sagesse le royaume durant la minorité de Clotaire III son fils. L'un des actes qui lui fait le plus d'honneur, est celle d'avoir défendu aux Juifs d'acheter les enfans pour les vendre ailleurs, et d'avoir supprimé les vexations qui réduisoient les parens à vendre leurs propres enfans pour se soustraire aux impôts qu'on exigeoit de chaque chef de famille à raison de chaque tête, sans exception d'âge ni de sexe. Ces tributs mettoient les pères et mères dans la nécessité de vendre ou d'exposer leurs enfans. C'est cet abus que réprima Bathilde; elle racheta même plusieurs de ces esclaves. Bathilde, qui avoit fait rebâtir le monastère de Chelles, y prit le voile, et y mourut le 30 Janvier de l'an 680. On voit son tombeau dans une chapelle souterraine de cette maison. Elle a été mise au nombre des Saintes. On rapporte que cette Reine mit un frein à la vente des bénéfices, attendu que les Rois vendoient souvent les évêchés pour de l'argent, et que les Évêques revendoient en détail ce qu'ils avoient acheté en gros.

648

LA REINE BATILDE,
Se rend Religieuse

Tome I.

LA REINE BATILDE PREND LE VOILE DANS LE MONASTERE DE CHELLES

Année 665.

Après la mort de Clovis 2, Batilde que sa vertu et sa beauté avoient élevée du rang le plus abject à la puissance suprême continua de gouverner sous la minorité de ses enfans, et signala sa régence par d'utiles établissemens. Le plus glorieux fut l'abolition du tribut de la Capitation, qui dépeuploit le Royaume. Les pauvres, ou renonçoient au mariage, ou exposoient leurs enfans sur une place publique, ou bien enfin les vendoient à des Juifs, qui alloient les vendre aux Infidèles. La pieuse Reine voyant que des 3 fils qu'elle avoit eus de Clovis, l'ainé Clotaire III regnoit sur la Neustrie et la Bourgogne, le second Childeric II, sur l'Austrasie, et que le Maire du Palais Ebroin ne s'étudioit qu'à l'éloigner des affaires, forma la résolution de se renfermer dans le Monastère de Chelles, et dépouillant les ornemens de la Royauté, elle prit le voile, malgré la désolation de ses Sujets, qui employerent les plus vives instances pour la retenir.

95.

histoire de Ste Bathilde.

Reine de france

660

X VIII

LE MAIRE GRIMOALD,

Fait tondre le petit Dagobert.

Tom. I.

Justinien II fait crever les yeux à l'Archevêque de Ravenne.

Lempereur Constant fait couper la langue à S. maxime [illegible]
qui refusait de communiquer avec les monothélites en 649 [illegible]

PENDA FAIT COUPER EN MORCEAU
le Corps d'Oswald.

DE CLOVIS, OV LOVIS, PREMIER
Roy de Neustrie, ou Neustrie, qui est France Oc.

CLODOVEVS.FILIVS
DAGOBERTI

CLOVIS II FILS DE DAGOBERT

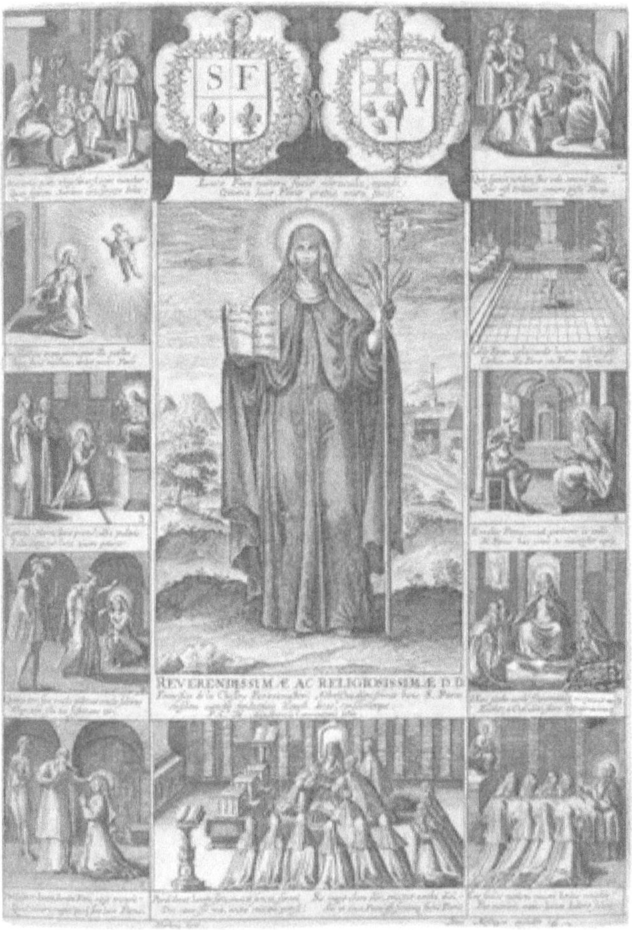
SF
REVERENDISSIMÆ AC RELIGIOSISSIMÆ D.D.

Sainte fare fondatrice de l'Abbaye de fare monstier
morte en 655
Vie de cette Abbesse

Monument DE SIGEBERT ROY d'Austrasie.

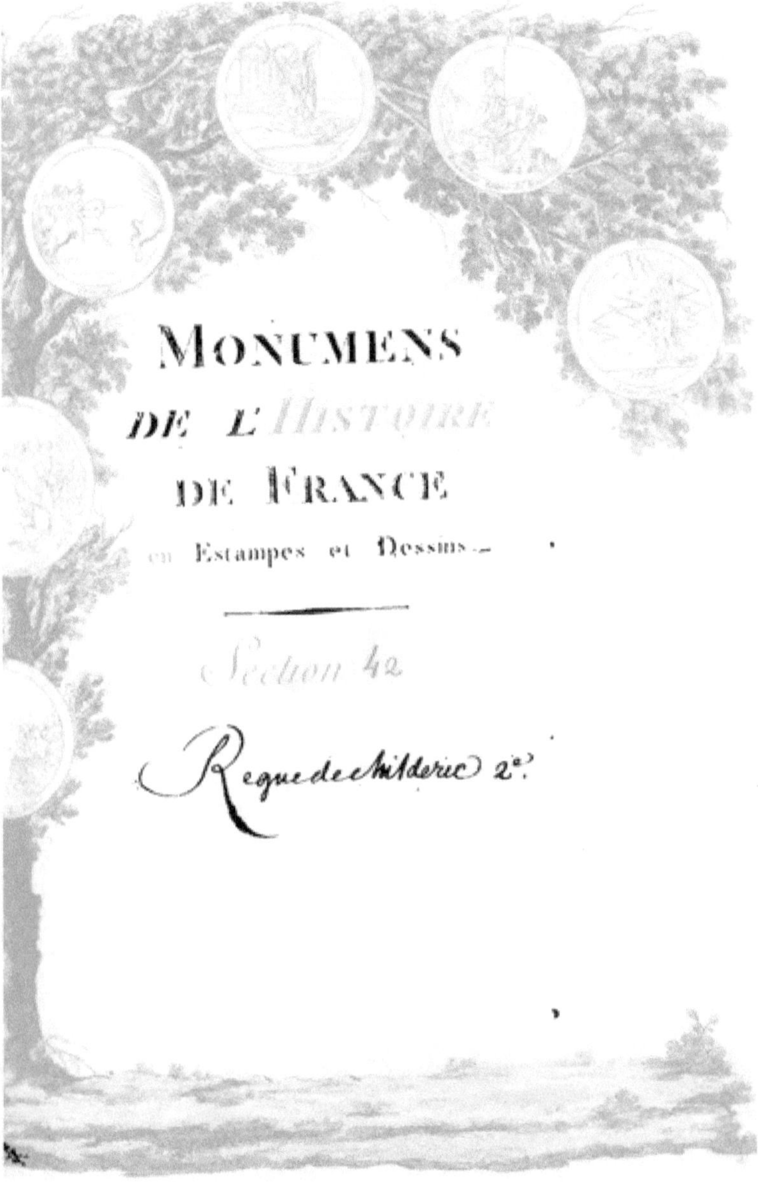

MONUMENS DE L'HISTOIRE DE FRANCE

en Estampes et Dessins.

Section 42

Regne de Childeric 2e.

CHILDERIC II. ET XIV. ROY DE FRANCE

672

Childeric fait fouetér de verges
Baudile Seigneur de sa Cour

DE CHILDERIC SECOND

premierement Roy d'Austrasie, puis de tou

CHILDERICVS · SECVNDVS ·

MONUMENS DE L'HISTOIRE DE FRANCE

en Estampes et Dessins.

Section 43e.

Regne de clotaire 3e

Princes ses Contemporains.

Son histoire

CLOTAIRE III ET XIII. ROY DE FRANCE.

[illegible]

SAINT VITALIEN, LXXVII. PAPE.

L'An de Ies. Chr. DCLV.

Regnant Heraclius Constans, & Constantin Empereurs.

Clovis II. du nom, Clothaire III. & Childeric, ou Chilperic II. Roys de France.

ADEODATVS · P · ROMA

DOMNIO·I·P·ROMANVS

SANIT AGATHON, LXXX. PAPE.

L'An de Ies Chr. DCLXXVIII.

Regnant Flavius Constantinus, Empereur.

Childeric II. du nom & Theodoric, ou Thierry, Rois de France.

SAINT LEON, II. DV NOM, LXXXI. PAPE.

L'An de IES. CHR. DCLXXXIII.

Regnant FLAVIVS CONSTANTINVS Empereur.

THEODORIC, ou THIERRY Roy de France.

XIII
ROY

655

CLOTAIRE III.

apparition de Saint Eloy à un seigneur de la cour. il lui ordonne de dire à la reine de quitter ses Joyaux pour en faire une châsse. La reine y consent et repond qu'il etoit bien juste que St Eloy qui avoit tant fait de chasses de saints en obtint une. (fable du tems)

660

MEURTRE D'EBROUIN MAIRE DU PALAIS DE NEUSTRIE

Année 662.

Tandis qu'Ebroin affermissoit par le sang ou par les proscriptions de tout ce qu'il y avoit d'Hommes distingués dans l'Etat, son odieuse domination, et qu'il se croyoit déjà parvenu au point de n'avoir plus rien à redouter, une vengeance particulière exécuta ce que les Loix n'auroient osé entreprendre. Un Seigneur nommé Hermanfroi, qui venoit d'être injustement dépouillé de ses biens, craignant encore que cet Homme sanguinaire n'en voulût à sa vie, résolut de le prévenir. Ayant erré quelque tems à sa suite en Habit déguisé, afin d'observer ses démarches, il alla se cacher dans un réduit obscur, que le Tyran hypocrite devoit traverser, pour se rendre à l'Office de Matines, qui se disoit avant le jour. Ayant laissé passer les gardes, il fondit impétueusement sur lui, l'abbatit à ses pieds d'un coup de Hache, et se dérobant à la faveur de l'obscurité, il alla chercher un asile en Austrasie, où beaucoup d'autres Seigneurs l'avoient précédé.

ASSEMBLÉE DU CHAMP DE MARS.

Possesseur de la personne du Monarque, Ebroin prit de nouvelles précautions pour le séquestrer de ses sujets. Il le tenoit étroitement renfermé dans un Palais situé au milieu d'une forêt, dont toutes les avenues étoient gardées. Mais comme un des principaux revenus de la couronne consistoit dans les dons que les Evêques, Abbés, Ducs, Comtes et Grands Propriétaires étoient tenus d'offrir chaque année au Roi; Ebroin, qui fut imité en cela par ses successeurs, avoit l'attention de le tirer une fois l'an, au mois de Mars, de sa solitude, pour le montrer à la nation.

Le Roi (disent d'anciennes chroniques) étoit monté sur un chariot découvert, traîné par des bœufs; des Trompettes annonçoient son arrivée, le Maire du Palais, à cheval avec le Bâton de Commandant, voyoit défiler les Grands qui présentoient successivement au Monarque les Chevaux de prix, les Armes et les riches Etoffes, ce qui formoit leur redevance.

DEPOSITION DE THIERRI ET D'EBROUIN MAIRE DU PALAIS DE NEUSTRIE

Année 669.

Maître absolu du gouvernement depuis l'abdication de Bathilde, Ebroïn se montra tel qu'il étoit, avare, défiant et cruel; il vendoit publiquement la Justice, dépouilloit de leurs biens les principaux Seigneurs, les uns parce qu'ils étoient riches, les autres parce qu'il les soupçonnoit d'être ses ennemis; et afin que le bruit de ces violences ne pût parvenir aux oreilles du Roi, il le séquestra entièrement de sa Noblesse. Tandis qu'il aliénoit le cœur des François par cette odieuse conduite, Clotaire III mourut âgé de 19 ans. Ebroïn ne doutant point que, s'il permettoit à la Nation de s'assembler, elle ne commençât par le déposer, plaça sur le Trône, de son autorité privée, le jeune Thierri troisième fils de Clovis II. La Nation indignée qu'on lui ravît le droit, qu'elle avoit toujours eu d'élire, dans la famille régnante, le Prince qui devoit les gouverner, s'assembla tumultueusement et investit le Palais. On saisit Ebroïn, on lui coupa les cheveux, et on l'enferma dans l'Abbaye de Luxeuil. Thierri, qu'il avoit fait monter sur le Trône, fut aussi tondu dans la même assemblée, et renfermé, pour un tems, dans l'Abbaye de St. Denis.

Soumission des Rebelles de Nismes au Roy Wamba

[illegible] DE CLOTAIRE TIERS DV ROY
de Neustrie & Bourgongne.

CLOTARIVS · TERTIVS ·

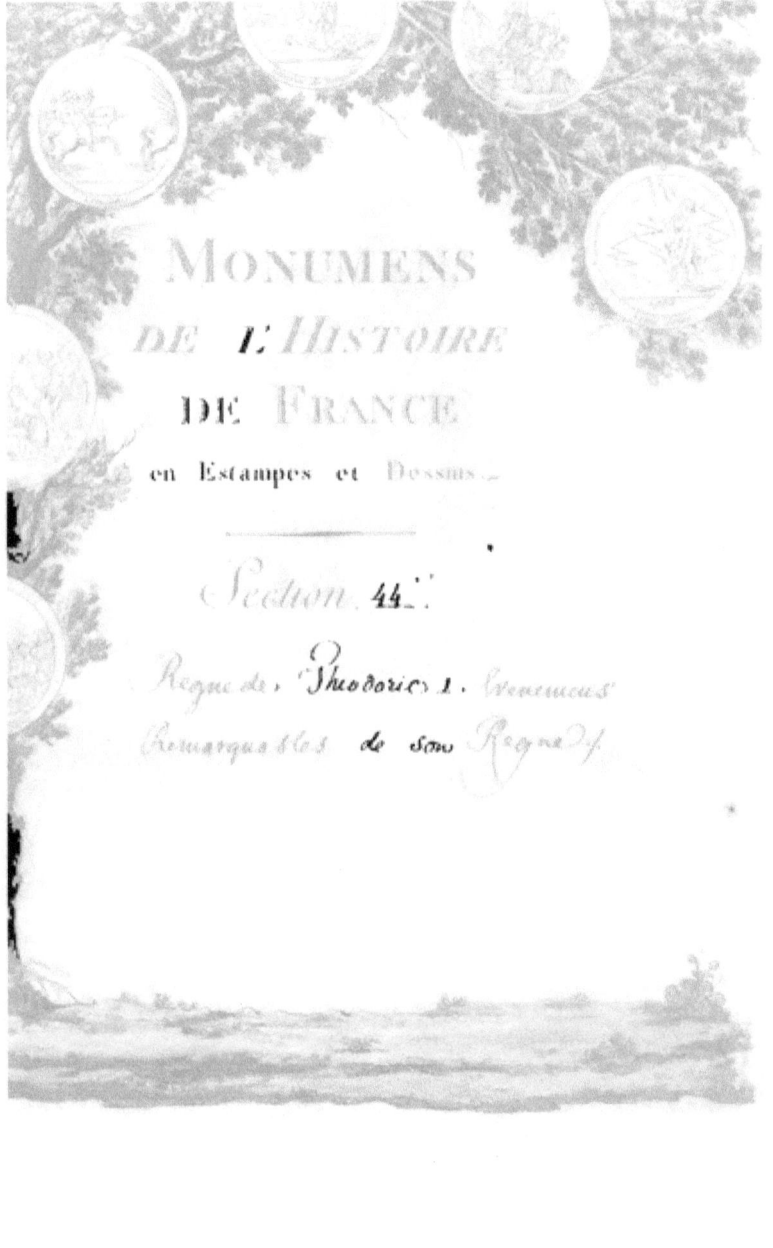

MONUMENS DE L'HISTOIRE DE FRANCE

en Estampes et Dessins

Section 44.

Regne de Theodoric 1. Evenemens Remarquables de son Regne.

XV.
Roy

THIERRI I.

XV. Roy *Premier du Nom.*

*Apres la Mort de Childeric, le desordre fut tres grand
dans le Royaume. Thierri fut de nouveau proclamé Roy
de Neustrie et de Bourgogne, et on luy donna pour Maire
Leudesie Fils d'Erchinoalde, qui étoit un Chef homme et peu
673 propre a remplir ce Poste. Le peu de bonnes Qualités qu'
avoit ce Ministre fit regretter Ebroin, tout méchant qu'il
avoit paru, on le fit sortir du Monastere, il se mit a la tête
d'une armée fit proclamer Roy un pretendu fils de
Clotaire 3. sous le nom de Clovis publiant faussement
la mort de Thierri et continua la guerre jusqu'a ce qu'il
fut retabli dans la Mairie du Palais, pour lors il persecuta
Leger Evêque d'Autun son plus grand Ennemi, il l'assiegea
dans sa ville, Leger se livra luy meme a son adversaire pour
eviter le Sac de la ville, Ebroin luy fit crever les yeux et l'envoya dans une Forest pour y mourir de faim, Mais un Duc
de Champagne l'en tira, et il se renferma dans un Monastere
Mais quelque tems apres Ebroin l'en tira et fit assomer a coup
de pierres le frere de Leger et couper les levres et partie de la
Langue a ce St. Prelat, 2. ans apres il le fit degrader par un
Concile, dechirer sa Robbe apres quoy il fut mis a mort, ce
qu'il y a de plus etrange c'est que tout le crime de Leger ne
678. paroit être que pour n'avoir pas été des amis d'Ebroin, et
que l'Eglise honnore comme de grands Sts. quelques Prelats qui composerent ce Concile, comme entre autres St.
Oüen Evêque de Roüen. Enfin le Fameux Ebroin fut
Assassiné a coups de Couteaux un Dimanche matin comme
il alloit a l'Eglise par un Intendant des Domaines du Roy,
qu'il avoit taxé a des sommes considerables. Pepin le
jeune ou d'heristele, qu'on soupçonna d'avoir eu part a ce
Meurtre parce qu'il donna sa protection aux assassins
devint Maire des 3. Royaumes par l'élection de la plus grande partie du Peuple. le Roy Thierri et son Maire Bersaire
s'y opposerent, mais leur armée fut deffaite par Pepin a
684. Tertri entre Perone et St. Quentin. Thierri se retira a Paris
et Bersaire venu quelque tems, enfin fut tué par ses gens
même. Pepin n'osant prendre le nom de Roy le laissa a
Thierri et en prit toute l'autorité et se fit nommer Seule-
690. ment Duc et Prince des François. Thierri mourut a 39.
ans dans la 17. année de son regne. s'on peut appeller regner que de vivre dans une indolence extreme. Son tombeau
et celuy de sa femme Doda se voyent a St. Wast d'arras.
ainsi commença le Regne des Maires et le seul honneur
qui restoit au Roy etoit que les actes etoient passez en
son nom.*

THEODORIC I.ET XV. ROY DE FRANCE

CLODOHILDIS REG FRAN THEVDERICI I. VX
CLODOILDE ESPOUSE DU ROY THEODERIC I.

En vn Siecle de fer cette ſage Princeſſe ,
Le cœur vrayement royal , & l'eſprit vertueux ,
Eut pour les gents de bien des ſoins reſpectueux ,
Et pour les affligez vne ſainte tendreſſe.

SERGIVS, I. DV NOM, LXXXV. PAPE.

Et le IX. Schisme en l'Eglise Romaine entre luy, Theodore Archiprestre, & Paschal Archidiacre.

L'An de Ies-Chr. DCLXXXVII.

Regnans IVSTINIEN second du nom, dit le Ieune, LEONCE, & TIBERE ABSIMARE, Empereurs.

THEODORIC ou THIERRY Roy de France.

IOANNES . VI . PAPA . GRECVS

Le Roi thierry Condu par des
Jeunes seigneurs est mené devant
Childeric II & Conduit à St
Denis

673

Baudile Seigneur dela Cour du Roi Childeric II S'étant mis àlatête des mecontens assassine Childeric La reine Bilihilde, & dagobert leur fils dans une maison de Campagne

673.

Thierry se montre au Peuple sur un char tiré par des Boeufs

N. XIII

PEPIN D'HERISTAL.

Tient le champ de mars auquel il fait présider le Roi

S.tus Claudius Episcopus, in Solitudine Meditans.

MONUMENS DE L'HISTOIRE DE FRANCE

en Estampes, et Dessins.

Section 45.

Regne de Louis III.

Parmi ses Contemporains

Monumens de son Regne.

CLOVIS III ET XVI. ROY DE FRANCE Premier Fils de Theodoric monta sur le trosne l'an 689. Il ne se trouve rien de bien remarquable sinon que son frere Chil[illegible]debert qui estoit son cadet n'eut point d'appanage. Ce Prince n'auoit pas de meilleures qualitez que son pere aussi son regne ne fut pas plus illustre que le sien. Les Saxons se porterent à la rébellion pendant ce temps là Pepin qui disposoit souverainemt de l'Estat eut la gloire de les dompter sans que le Roy participat à l'honneur de cette victoire. Ainsi comme Clouis second auoit esté le premier des Roys faineans l'on met cettuy cy au cinqme rang. Il mourut apres auoir regné 4 ans. Ce fut en 693. Sergius occupoit encore la chaire de Rome, et Leon l'Empire. Il ne laissa point d'enfans, la Couronne fut mise sur la teste de son frere Childebert.

CLOVIS TROIS
CHILDEBERT SECOND
DAGOBERT SECOND
CHILPERIC SECOND
THIERRY SECOND dit de CHELLES
CHILDERIC TROIS

D.D. NN. CONSTANS. ET. CONSTANT. AVG.

fo 58

an 697

ANTHOINE Ier FORESTIER

[redacted]

RÈGNES DE CLOVIS III, DE CHILDEBERT II, ET DE DAGOBERT II.

Années 690 – 714.

Nous présentons, sous un seul aspect, ces trois règnes, parce que successivement enfermés, par la jalousie du Maire, dans le Palais de Mamacques, entre Noyon et Compiègne, ces Monarques n'en sortoient qu'une fois l'an, pour être montrés à l'assemblée nationale, et n'étoient pas même consultés sur les affaires d'administration. Clovis monta sur le Trône en 690, et régna 4 ans; Childebert 17, Dagobert, cinq. Pepin d'Héristel gouvernoit la Monarchie, et eut de sanglantes guerres avec les Ducs des Allemands, des Bavarois, des Frisons, qui n'obéissoient pas volontiers à un homme, qu'ils regardoient à peine comme leur égal.

On a tâché de donner une idée de cette forme de gouvernement, en peignant dans l'enfoncement trois Princes endormis sur le Trône et dont les traits sont presque effacés; sur le premier gradin du Trône, le Maire assis et donnant des ordres aux grands officiers, tels que le Comte du Palais, le Référendaire et le Connétable, et recevant les hommages, ou les requêtes du reste des Sujets.

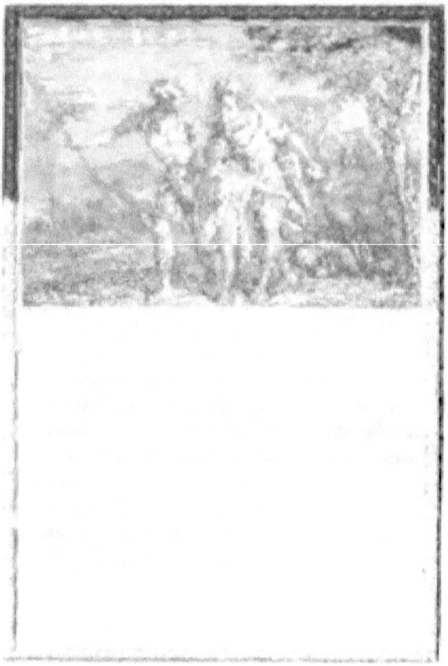

160 et 161

XVII
ROY.
Pepin Maire tenoit ce Roy
éloigné des affaires dans une maison
de Campagne d'où il ne sortoit que rarement
dans un Chariot tiré par des Boeufs, et ne se
montroit aux Peuples qu'une fois l'an. Rabod Roy
des Frisons, quoy qu'il eut donné sa Foy et des Otages, se
revolta pour la seconde fois, Mais Pepin le batit encore et la
deffit entierement pres de Dorstat.

XVI
ROY
CLOVIS III
Sous ce Regne Pepin
Gouverna l'Etat et receut les
Otages des Frisons, apres les avoir
deffaits. Ce Regne qui ne dura que Quatre
ans ou plus ne fut pas Considerable en grands
Evenemens.
Depuis 690 jusqu'à 695

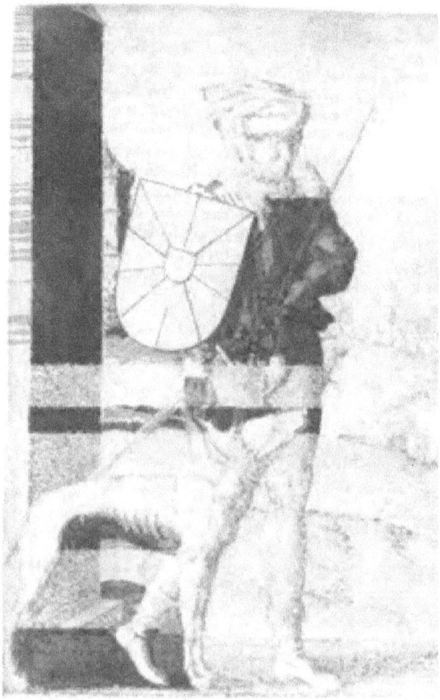

[redacted]

CONSTANTINVS I P SIRVS

SAINT GREGOIRE, II. DV NOM, XC. PAPE.

L'An de Ies. Chr. DCCXIV.

Regnans Anastase, Theodose IV. du nõ, & Leon Isavriqve Empereurs.

Childebert II. du nom, Dagobert II. du nom, & Chilperic aussi II. du nom Rois de France.

D.N. IVSTINIANVS. P.F. AVG.

PAVLVTIVS ANAFESTVS DVX VEN

703

Cruautes de Justinien

Justinien se mit d'abord à la tête de cette armée, marcha en diligence, & vint se présenter devant *Constantinople*, qui se trouvant pourvûë de tout ce qui lui étoit necessaire pour sa defense, ses habitans ne furent nullement épouvantez de l'approche de *Justinien*, au contraire faisans les fanfarons ils vomirent mille injures contre lui; mais au troisiéme jour ayant trouvé moyen d'entrer dans la place par le grand Aqueduc il n'eut pas beaucoup de peine à s'en rendre maître. en 703.

Absimarus voulut se sauver à la fuite, mais il fut attrapé & amené à *Justinien*, qui dans le même moment fit sortir *Leonce* du Cloître où il avoit été enfermé jusques alors; ensuite ayans été tous deux attachez par les pieds à la queuë d'un cheval, & ayans été traînez en cette maniere devant son tribunal, il leur mit le pied sur la gorge, & fit chanter au peuple qui étoit présent ce verset du Pseaume XCI. *Tu marcheras sur le Lion & sur l'Aspic, & tu fouleras aux pieds le Lionceau & le Dragon*; après quoi il leur fit couper la tête; *Heraclius* & divers autres personnages de considération furent pendus par ses ordres sur les murailles de la ville; le Patriarche *Callinicus* eut les yeux crevez; enfin il fit mourir un grand nombre de citoyens, qu'il disoit lui avoir été contraires, & se retablit ainsi sur le throne, après en avoir été depouillé l'espace de dix ans, dont *Leonce* en avoit regné trois, & *Absimarus* sept.

199

XXV.

SAINT LAMBERT MASSACRÉ A LIÈGE

711

Pepin fait reconnaître dagobert agé de 12 ans.

BEDE, LE VENERABLE.
Chap. 56.

710

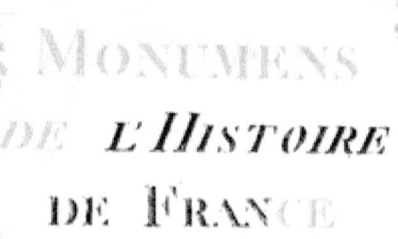

MONUMENS DE L'HISTOIRE DE FRANCE

en Estampes et Dessins.

Section 47.

Regne de Dagobert II. Portrait des Princes ses Contemporains et Monumens des Arts sous son Regne.

184

DAGOBERT II ROY DE FRANCE. [illegible]

D.N. PHILIPPICVS. P.P. AVG

D. N. ANASTASIVS. P. F. AVG.
ANASTASIVS II.
DCCXIII.

197

PLECTRUDE ENTREPREND DE GOUVERNER LA MONARCHIE.

[illegible]

713

St Boniface convertit les frisons au christianisme. leur Roi Radbot demande à l'eveque Valfran s'ils trouveront leurs ancêtres au paradis. ils furent payens repond l'eveque, ils n'y sont pas. Radbot sort du Lavoir sacré & refuse de se faire chretien./

XVIII.
ROY
Sous la Mairie de Pepin,
qui le fit presider a l'assemblée
tiré par des Boeufs.

DAGOBERT II.

XVIII. Roy.

Il y avoit 3. ans que Dagobert regnoit ou portoit le
Nom de Roy lors que Pepin mourut, qui luy faisoit pas
ser son tems dans une Maison Royale, éloigné de la
714 Cour sans fonction ny pouvoir, il fit son possible pour
en recouvrer l'autorité. a la faveur de la querelle de la
premiere femme de Pepin avec un fils du Second lit. et
dont la Mere Plectrude avoit fait arrêter Charles Martel
le plus remuant des Enfans du premier Lit. Il se Sauva
de sa prison, et apres que les Austrasiens eurent été
deffaits par les Neustriens dans une forest pres de
Compiegne. Les belles qualitez de Charles le firent Sou
haiter pour Maire, il fut regardé non Seulement comme
fils de Pepin, mais comme l'homme du Royaume qui
meritoit mieux d'occuper ce Poste, avec tout son merite
et ses talens il courut risque de Succomber sous la
puissance de Dagobert, si ce jeune Prince ne fut mort a
715. propos pour donner a Martel le tems de se reconnoitre
Sur la fin de 715. mourut Dagobert Roy de Neustrie
apres avoir été le jouet des Maires 4. ou 5. ans. Il
laissa un fils nommé Thierri, qui étoit encor en mail
lot et qui eut depuis le Surnom de Chelles, par ce
quil y fut élevé, ne Succeda point a son Pere; Les
Grands de Neustrie luy preférerent un autre Prince
qui Changea son Nom de Daniel en celuy de Chilperic
On ne Sait point precisement de qui il etoit fils.
Quoyquil en soit ce Prince avoit été rasé et enfermé
dans un couvent d'ou les Grands le tirerent pour le
mettre a la teste de la Nation.

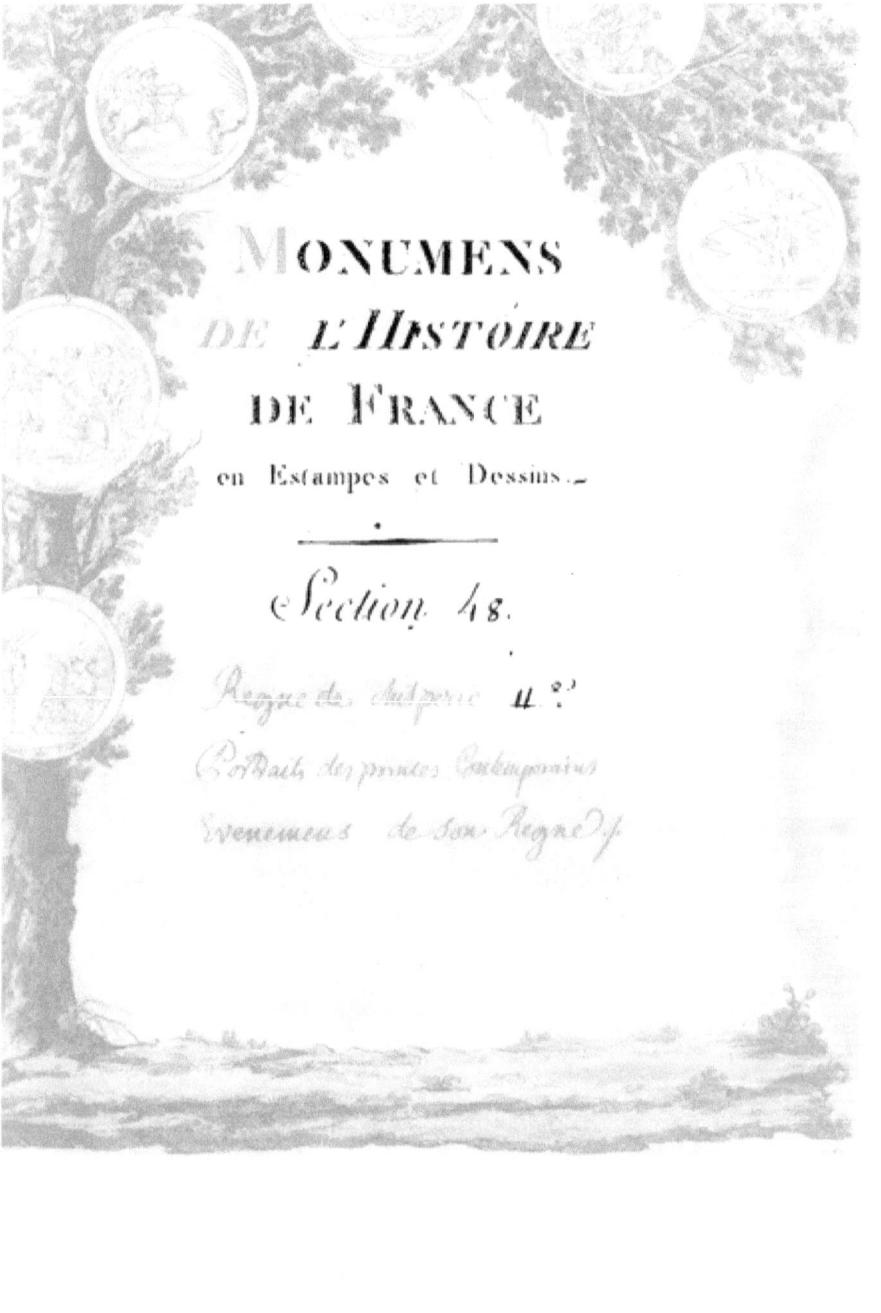

MONUMENS DE L'HISTOIRE DE FRANCE

en Estampes et Dessins.

Section 48.

Regne de l'Empereur

Portraits des princes Contemporains

Evenemens de son Regne

CHILPERIC II. ROY DE FRANCE

[illegible]

ΑΔΡΑΜΥΤΗΝΩΝ.
THEODOSIVS

MARCELLVS
TIGALLIANVS
DVX VEN

XIX.
ROY.

CHILPERIC dit DANIEL, XIX. Roy.

716. Fut proclamé Roy par les Grands de Neustrie et de Bourgogne, porta la guerre en austrasie, a la faveur des troubles
que causoient les factions de Charles Martel et de Plectrude
Sa belle mere. Charles est battu et Chilperic se presente de
vant Cologne ou étoient les tresors de Pepin, Plectrude s'en
servit pour amuser Chilperic pendant que Charles ramas
soit les debris de son armée avec quoy il vint combatre Chilperic qu'il mit en fuitte et se Saisit du Butin.
717. L'annee suivante il vint en Neustrie ou il eut un Sanglant
Combat dans un lieu Nommé amblave aux ardennes
du nom de la Riviere qui passe par la, pres de l'abbaye
de Stavlon. Chilperic Daniel et son maire Reinfroy furent
deffaits et contraints de s'enfuir a Paris ou Charles le
poursuivit jusqu'a 10. lieües et retourna receuoir Cologne
qui luy ouvrit ses portes et ses Tresors.
La Victoire de Charles luy fit penser a mettre sur le Trosne
un Phantome de Roy nommé Clotaire, dont on ne connoit
que le Nom. Il eut encore une autre action considerable
719. entre Rheims et Soissons dans la quelle Charles battit ses
Ennemis et les poursuivit jusqu'a la Loire.
En ce tems Le fantome de Clotaire mourut et cette mort ser
vit a Charles a devenir maitre des 3. Royaumes, tellement
720. que Chilperic eut le Nom de Roy, et Charles le fut en effet.
Ce Roy Chilperic Daniel mourut a peu pres dans ce tems.
On ignore a quel age, et de quel genre et ou il fut Inhumé.
Le Pape Gregoire 2. appelle Charles Duc et Maire du Palais de France, ce qui marque qu'il se disoit Officier du Roy-
aume et non pas du Roy.

CHILPERIC II.

Roi
de france

XXVI

CHARLES MARTEL SE SAUVE DE SA PRISON

et rassemble des amis auprès de lui

Tom. I

21

XXVII.

EUDES REMET LE ROI CHILPERIC II.
à Charles Martel.

Tom. I.

201

Défaite des Sarasins devant Toulouse par Eudes Duc d'Aquitaine en 720.

www.ingramcontent.com/pod-product-compliance
Lightning Source LLC
Chambersburg PA
CBHW020313240426
43673CB00039B/788
* 9 7 8 3 7 4 1 1 0 5 0 5 0 *